自分史上最小の小顔になる

川島悠希
（美容整体師 川島さん。）

KADOKAWA

はじめに

第一印象は顔で決まる

「この頬骨《きょうこつ》が凹めば、もっと顔が小さく見えるのに……」

「エラが消えれば、髪の毛で顔を隠さなくてもいいし、もっとメイクも楽しめるのに……」

小顔は、多くの人にとって永遠の憧れではないでしょうか。

私は22歳のときに、地元の宮崎県宮崎市で「整体ＫＡＷＡＳＨＩＭＡ」をオープンしました。椎間板《ついかんばん》ヘルニアや坐骨神経痛《ざこつしんけいつう》、脊柱管狭窄症《せきちゅうかんきょうさくしょう》などのつらい症状を改善する整体や、宮崎市では数少ない産後骨盤矯正などで注目をされました。多くのお客様と接しているなかで**顔の大きさやゆがみ**に悩む方がとても多いことに気づきました。

人の第一印象は「出会って数秒で決まる」と言われます。何を話すかよりも先に、見た目や態度が、印象を大きく左右するといったデータもあります。一方で、「頬骨が横に出ている」「エラが張っている」など、たったひとつのコンプレックスで、つらい思いをしている女性もたくさんいます。

顔にメスを入れなくても、マッサージやトレーニングで、顔が変わることを知ってほしい。何よりも自分に自信を持ち、人生をいい方向に変えていってほしい……。そんな思いから「川島式小顔矯正」は生まれました。

骨格や筋肉から整えていく川島式メソッドをマスターすると、小顔になる筋肉の動かし方を覚えていけます。続ければ、小顔があなたのものに！　あとは、やるか、やらないかだけ。

この本があなたの毎日を変えるきっかけになることを願っています。

美容整体師　川島悠希

どうしても
小顔に
なりたい！

もう
フェイスラインを
髪の毛で隠す
のはイヤ！

まずは
テッパンメニュー1・2・3
を実践!!

自分史上最小の
小顔

てっとり早く
すっきり
見せたい！

忙しくて
時間がない！

今より少しでも顔を小さくしたい……。

そんな人は、まずは次ページから紹介する「誰でも絶対小顔になる！ テッパンメニュー1・2・3」を、やってみてください。「頬骨《きょうこつ》のでっぱり」「エラ張り」「フェイスラインのたるみ」といった、デカ顔3大要素を解決するセルフケアです。

最初は、自分が気になる部分のメニューをひとつだけでもOK！ 1回でも効果は出ますが、毎日2か月間続ければ、小顔の輪郭があなたのものに!!

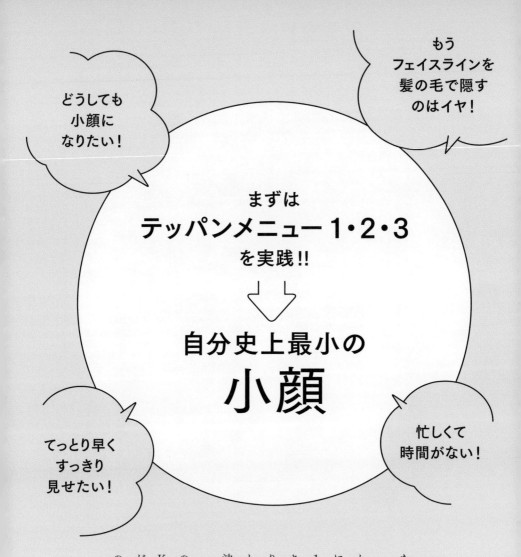

テッパン
メニュー
1

頬骨を凹ませる

頬骨マッサージ

詳しいやり方は
P40へ

頬骨を横から内側へ押し込んでいく

両手で
3分間
キープ

テッパンメニュー 2

詳しいやり方は
P42へ

エラ張りをなくす

エラマッサージ

口を軽く開いて内側へプッシュ

テッパン
メニュー
3

フェイスラインがすっきり

詳しいやり方は
P54へ

顎関節体操

1. 下あごを前に出して戻す

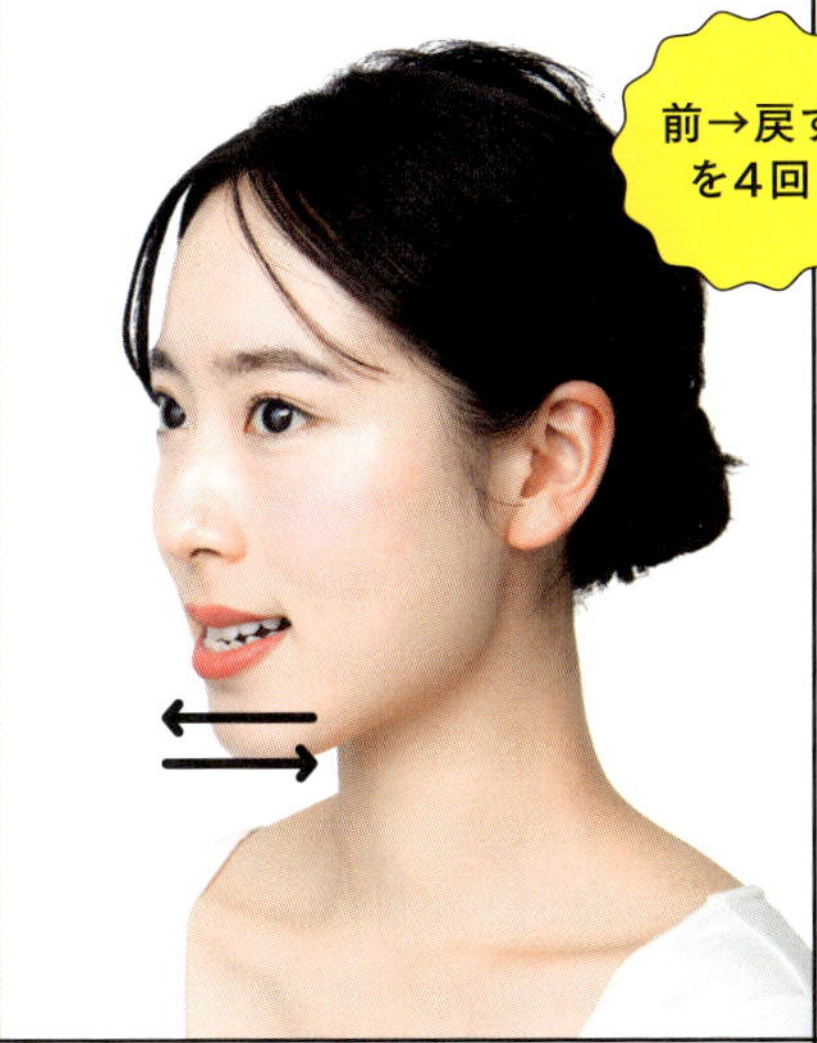

2. 下あごを左右に動かす

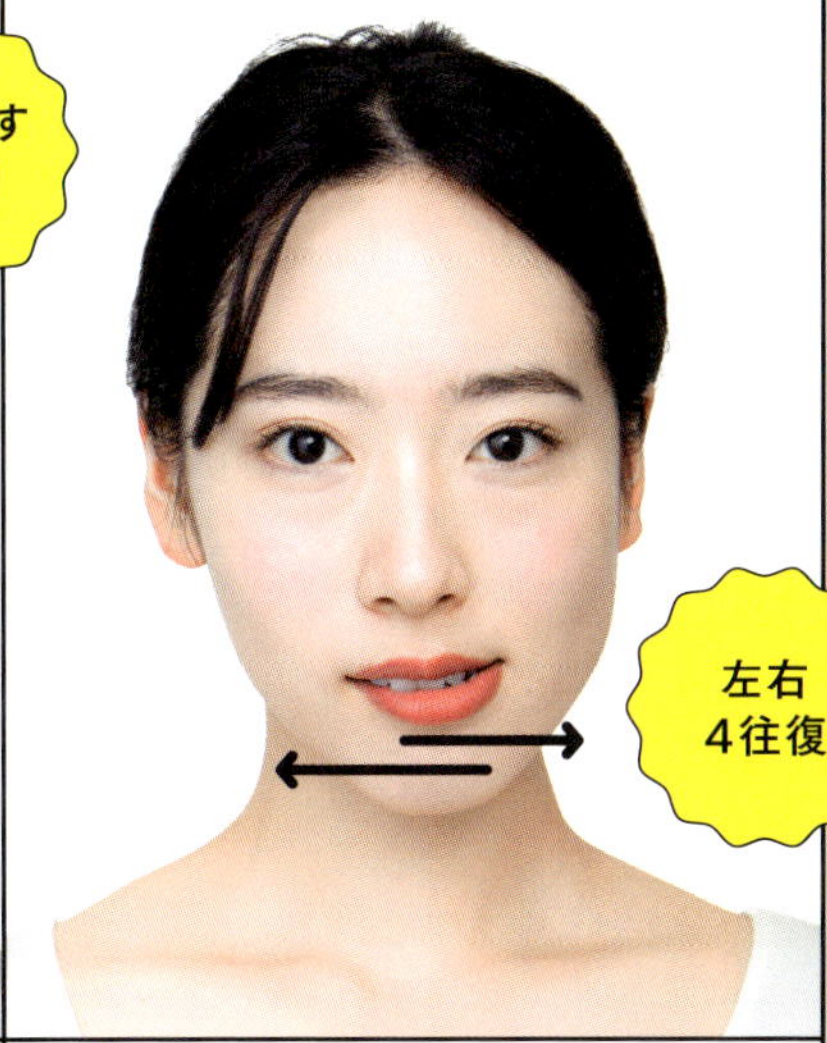

3. 下あごをできるだけ前へ出す

4. 口をできるだけ大きく開く

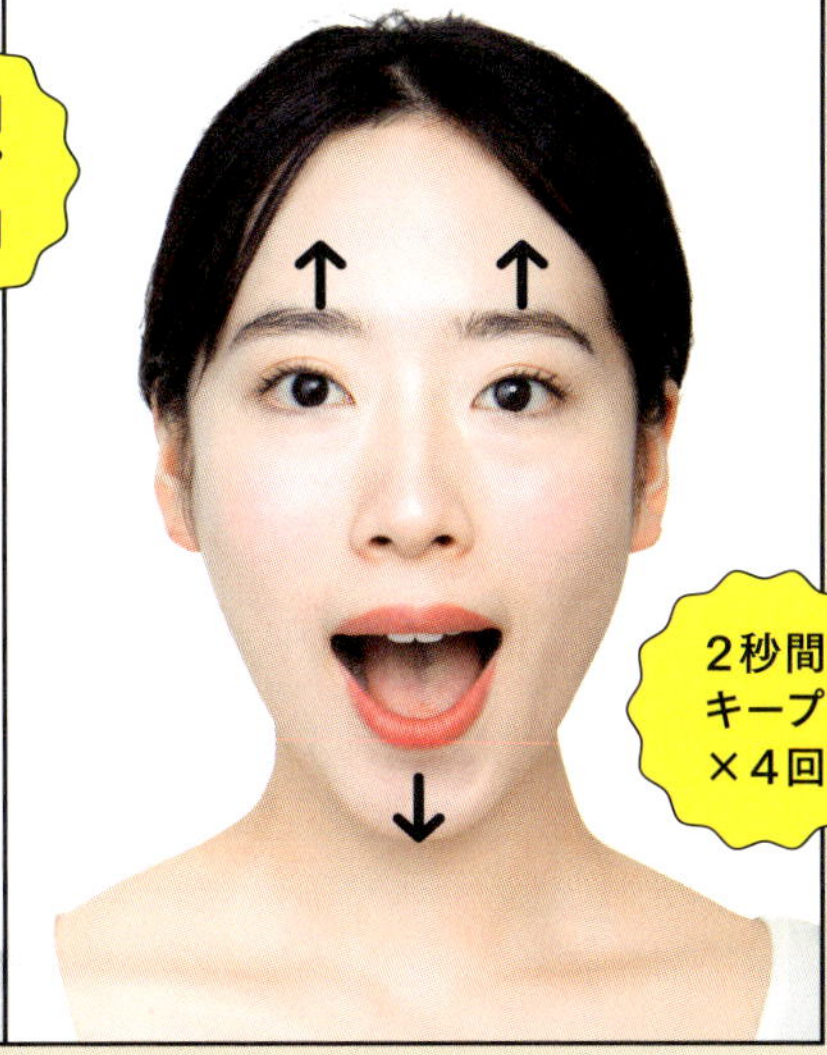

(PART) 1

即効性があってリバウンド知らず！　川島式メソッド

CONTENTS

(PART) 2

骨を動かして小顔になる!

(PART) 3

筋肉を動かして小顔になる!

(PART) 4

効率よく、もっと小顔になる！

CONTENTS

ブックデザイン／吉田憲司＋宍倉花也野（TSUMASAKI）
撮影／布施鮎美
モデル／松谷ももえ（SATORU JAPAN）
ヘアメイク／赤井希望（joemi by Un ami）
ヘアメイクアシスタント／堤良太（joemi by Un ami）
イラスト／竹内 舞
DTP／東京カラーフォト・プロセス
校正／夢の本棚社
編集・執筆協力／加曽利智子

「顔の骨は動く」
だから……
何歳からでも小顔になれる

(PART) 1

即効性があって
リバウンド知らず！
川島式メソッド

骨は動くから毎日3分で小顔美人に

誰でも小顔はつくれます

「顔が小さいね」

一度でいいから、そう言われてみたい！　おそらく、この本を手にとってくださったあなたも、そんなひとりではないでしょうか。

私は自分のサロンやYouTubeなどを通し、キュッと引き締まった小顔に憧れる女性たちの声をたくさん耳にしてきました。ただ、そのなかには「生まれつき顔が大きいから……」と、あきらめて、髪の毛で隠している人が少なくありません。

もちろん、顔が大きく見えてしまう要因として、骨格の問題はあります。でも実は、骨の位置や筋肉の使い方によって左右される部分も大きいのです。言い換えれば、**骨と筋肉を本来あるべき状態に戻せば、誰でも今より小顔になれます。しかもその方法は、毎日3分、骨や筋肉を押したり、顔を動かしたりするだけ。**自分で小顔をつくりましょう。

小顔は自分で
つくれます!!

骨格と筋肉を整えて小顔キープ

デカ顔の原因は骨と筋肉

「顔が大きい＝むくみ」と、とらえがちです。確かに、余分な水分や老廃物がうまく排出されなければ、顔はパンパンに……。血液やリンパの流れをよくすれば、むくみが改善され、顔はすっきりとします。しかし、**流れが滞る根本原因を改善しなければ、むくみを繰り返し、たちまちデカ顔に逆戻り。**そこで、私が注目したのが**「骨」**と**「筋肉」**です。

　人間の体は、顔も含めて、ほとんどが骨と筋肉、そして水分によってつくられています。骨がゆがんでいれば、内臓や筋肉に負担がかかり、全身を巡る血液やリンパの流れは悪くなります。また、筋肉は収縮して、血液やリンパを流すポンプのような役割をしています。そのため、筋肉が固まっていたり弱っていたりすると、流れも滞ります。

　顔の土台である骨格を整え、筋肉がよく動くように習慣化していくことで、リバウンド知らずの小顔を手に入れることができるのです。

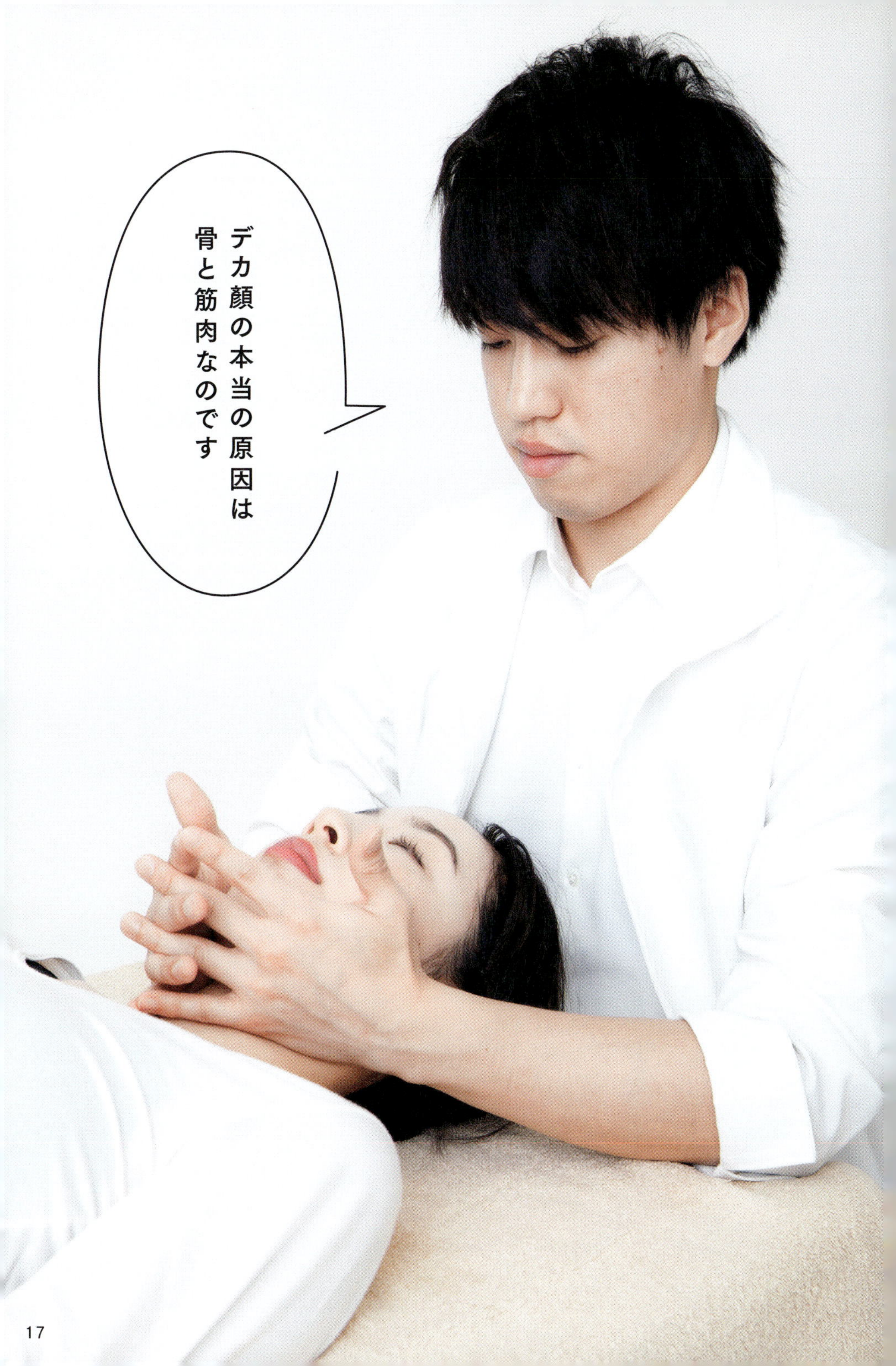
デカ顔の本当の原因は
骨と筋肉なのです

1回3分
骨を押して
引き締める

骨を動かして小顔に戻す

私の小顔メソッドの最大の特徴は**「骨を動かす」**ことです。

「えっ？　骨って動くの？　自分ひとりで、そんなことができるの？」と思われる方もいらっしゃるかもしれません。

顔の土台とも言える「頭《とう》蓋《がい》骨《こつ》」には、15種類23個の骨があり、そのほとんどは、骨と骨がかみあって密着しています。骨と骨のつなぎ目のような部分で、「縫《ほう》合《ごう》」と呼ばれるものです。縫合には、わずかな隙間がありますが、海外では一般的に「縫合は動く」と言われています。そのため、海外では顔の整形をする前に、顔の骨格を矯正するといったことも、普通に行なわれています。

頭蓋骨のちょっとした隙間を埋めるように締めていくことで、自分史上、最小の小顔を実現することができます。縫合がない骨については、広がった幅を狭めることでフェイスラインを引き締めることができます。

締めると言っても、難しく考える必要はありません。基本的には、ポイントとなる骨に手を押し当て、じわ〜っと圧をかけていくだけ。毎日続けていけば、骨が締まった位置を覚えていき、骨格そのものが小顔に矯正され、頬骨《きょうこつ》の張りやエラがなくなっていきます。

＊「頬骨」と「下顎骨」がカギ

小顔になるうえで、カギを握る骨が、「頬骨」と「下顎骨《かがくこつ》」です。詳しいセルフケアの方法は、ＰＡＲＴ２で紹介をしますが、どちらも、手のひらの下の少し硬い部分を左右の頬に当てて、内側に押し込んでいくことで、フェイスラインを引き締めます。

「もともと顔が大きくて……」というような骨格に問題がある人でも、骨にアプローチするので、今よりも確実に小顔になれます。さらに、生活習慣などで顔の骨がゆがみ、デカ顔になっていた人も、骨があるべき位置に戻り、小顔を取り戻すことができます。

また、小顔には顔の骨だけでなく、全身の骨格も大きく関わっています。この本では、骨盤から顔につながる頸椎《けいつい》までアプローチをして、より小顔効果を高めていきます。

この本でアプローチする 骨 リスト

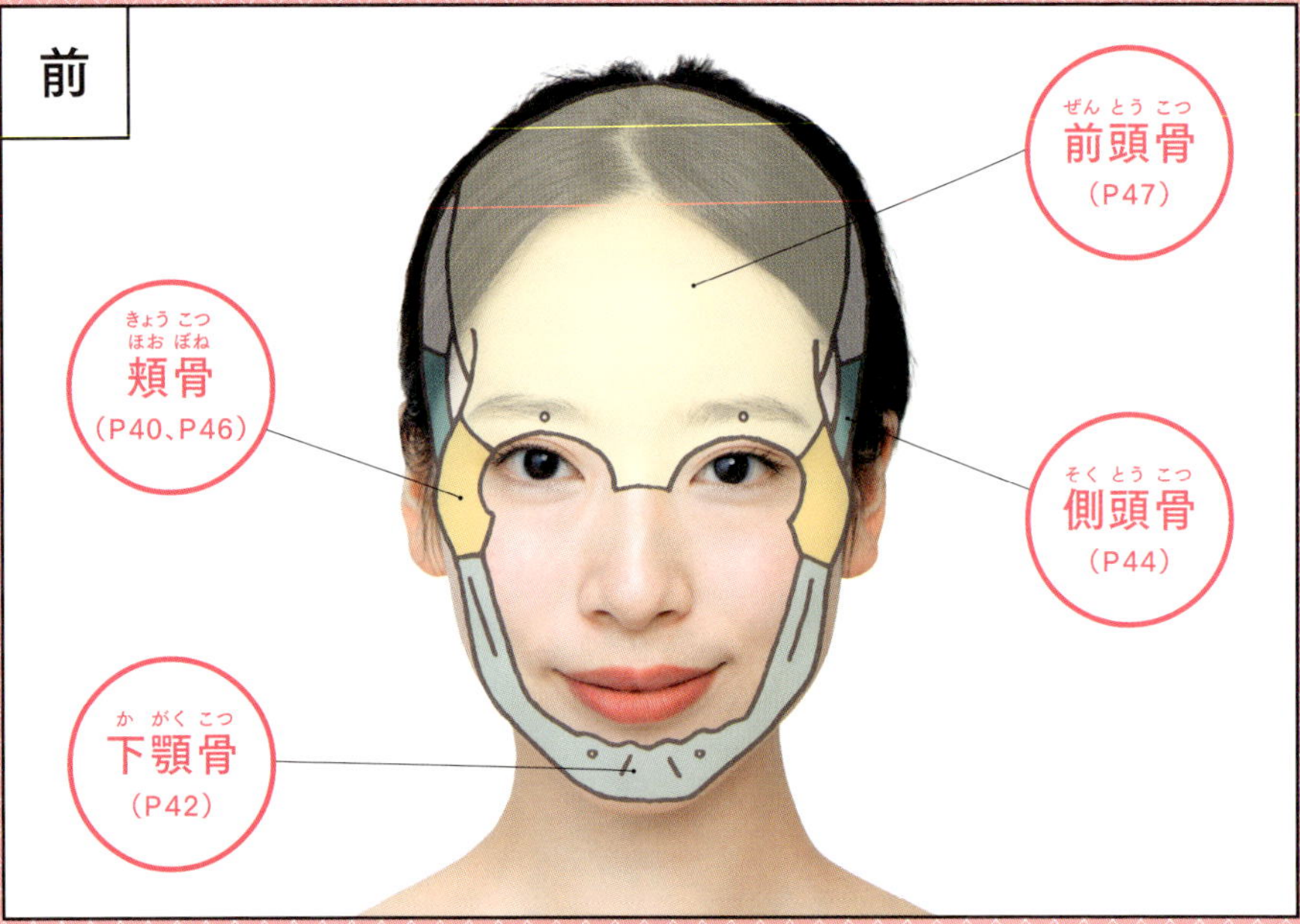

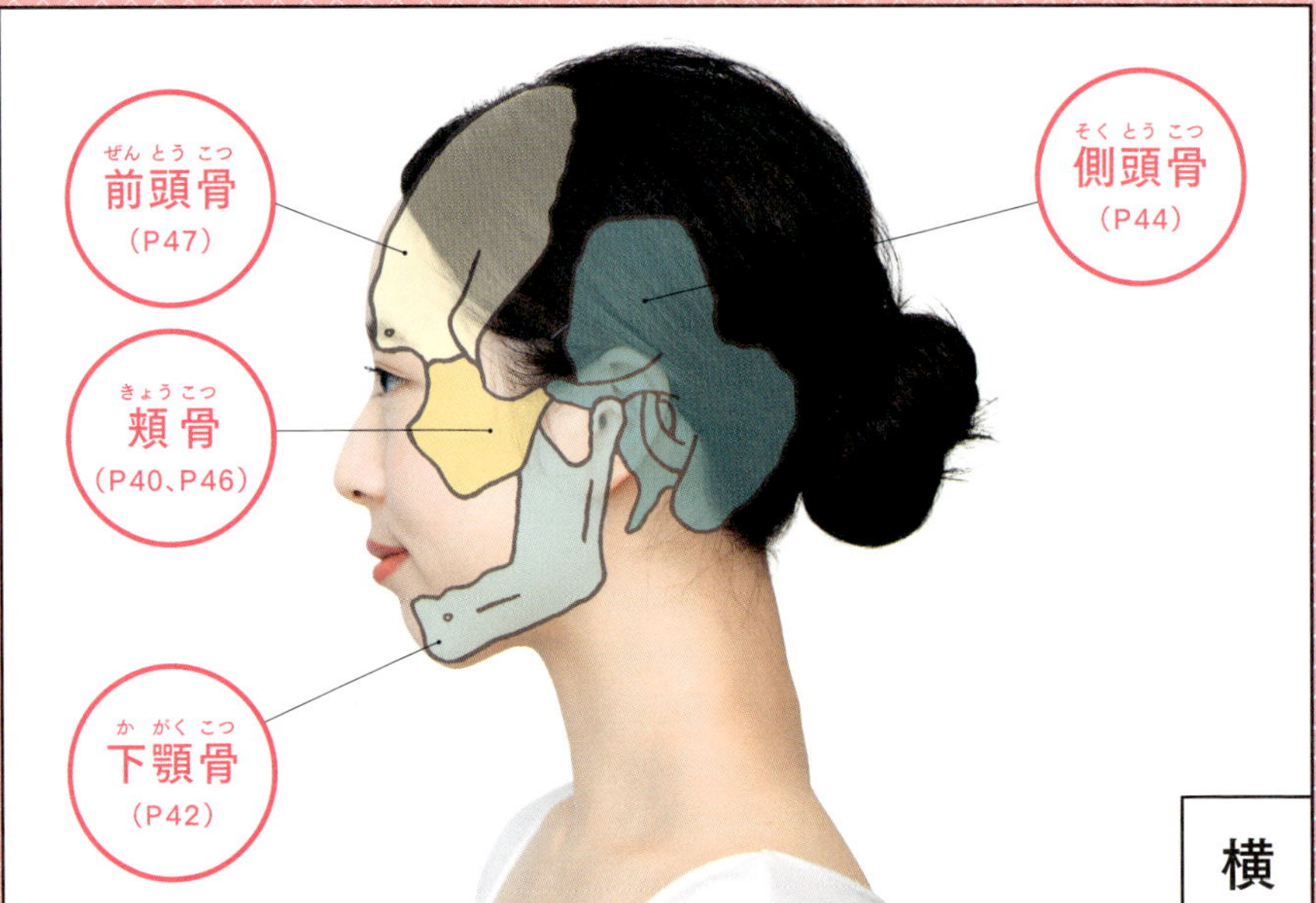

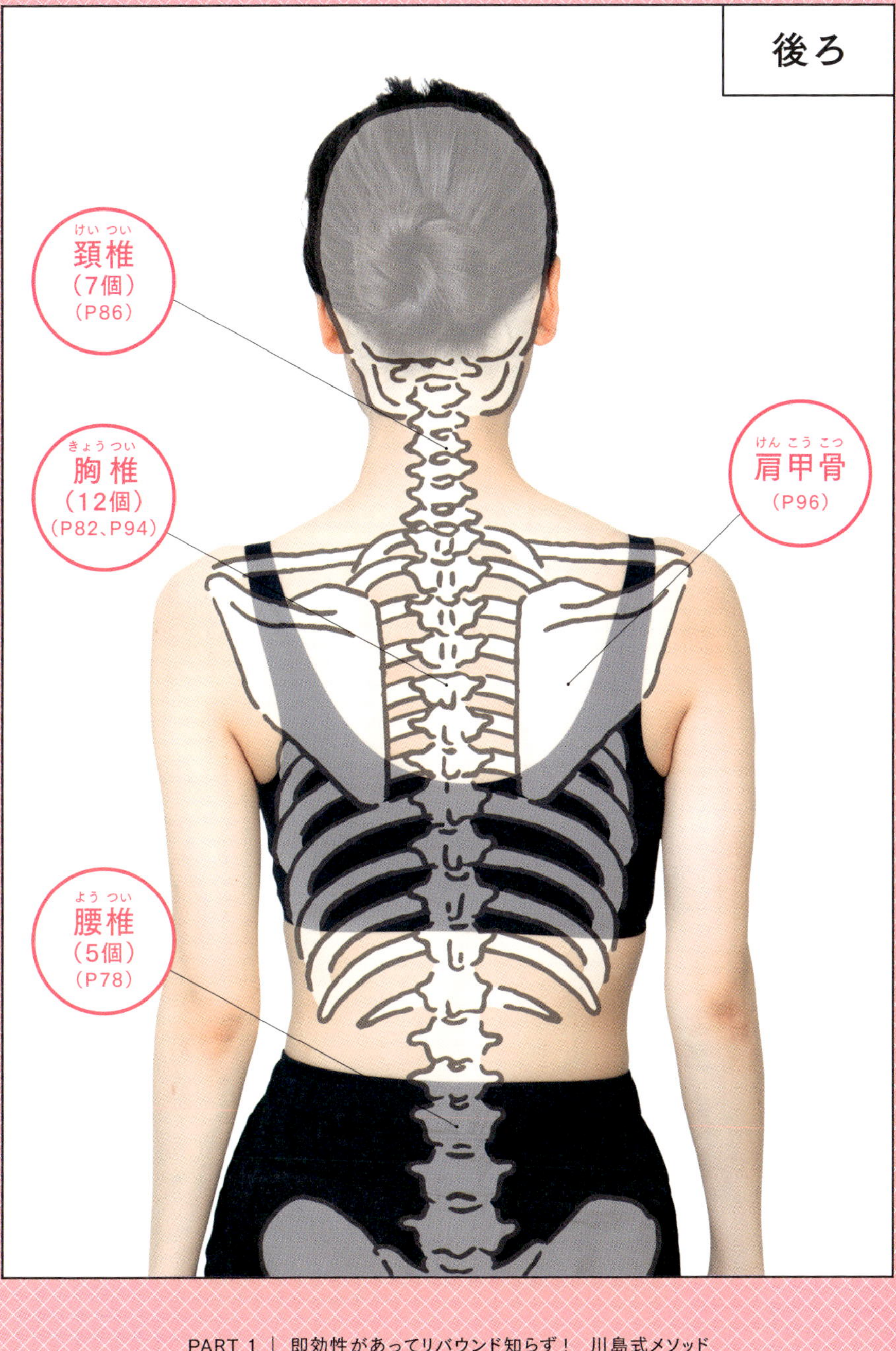
後ろ
頸《けい》椎《つい》
（7個）
（P86）
胸《きょう》椎《つい》
（12個）
（P82、P94）
肩《けん》甲《こう》骨《こつ》
（P96）
腰《よう》椎《つい》
（5個）
（P78）

筋肉を
ほぐして
たるみも撃退

筋肉をゆるめて骨を整える

私の小顔メソッドのふたつめの特徴となるのが、**「筋肉へのアプローチ」**です。

骨を動かすには、筋肉も大きく影響します。そもそも骨は、付着している筋肉によって、動いているからです。

そのため、血行不良などで筋肉がかたくなっていたり、運動不足や加齢などによって筋力が低下していると、骨の動きは悪くなります。逆に、筋肉がゆるまり、筋力がしっかりとあれば、骨もスムーズに動くようになります。

顔には皮膚を動かして表情をつくる表情筋や、口のなかで物をかみくだく咀嚼筋《そしゃくきん》があります。筋肉の特徴に合わせて、**筋肉をほぐすマッサージ**、**筋肉の柔軟性を高めるストレッチ**、**脂肪を燃やして筋肉の張りを取り戻すトレーニング**の３つの方法を取り入れて、骨を動かしやすくしていきます。

小顔になるうえで中心となる筋肉は、「咬《こう》筋《きん》」「頬骨《きょうこつ》筋《きん》」「笑筋《しょうきん》」「口《こう》輪《りん》筋《きん》」「広《こう》頚《けい》筋《きん》」「側《そく》頭《とう》筋《きん》」などです。詳しいセルフケアの方法は、ＰＡＲＴ３で紹介をします。

＊たるみを引き締める

また、筋肉の衰えそのものが、デカ顔の要因になっているケースもあります。

例えば、舌を動かす筋肉が衰えてくると、舌が垂れ下がってあごの下が圧迫され、二重あごを引き起こすことに。顔の表情が乏しく、普段から顔の筋肉があまり使われていないと、頬に脂肪がたまり、ぷっくりとした顔に見えるうえ、ほうれい線の原因にもなります。

この本では、骨を動きやすくするための筋肉のマッサージに加え、たるんだ筋肉を引き締めていく方法も紹介します。顔全体の循環をよくするために、首まわりの筋肉や上半身の筋肉を伸ばしていく方法も盛り込んでいます。

骨と筋肉を正常な位置に整えることで、小顔になるのはもちろん、筋肉がよく動くので血流やリンパの流れもよくなります。すると、免疫力もあがって風邪をひきにくくなったり、代謝がよくなって便秘解消も！　小顔を目指すと体のなかから美しくなれます。

この本でアプローチする筋肉リスト

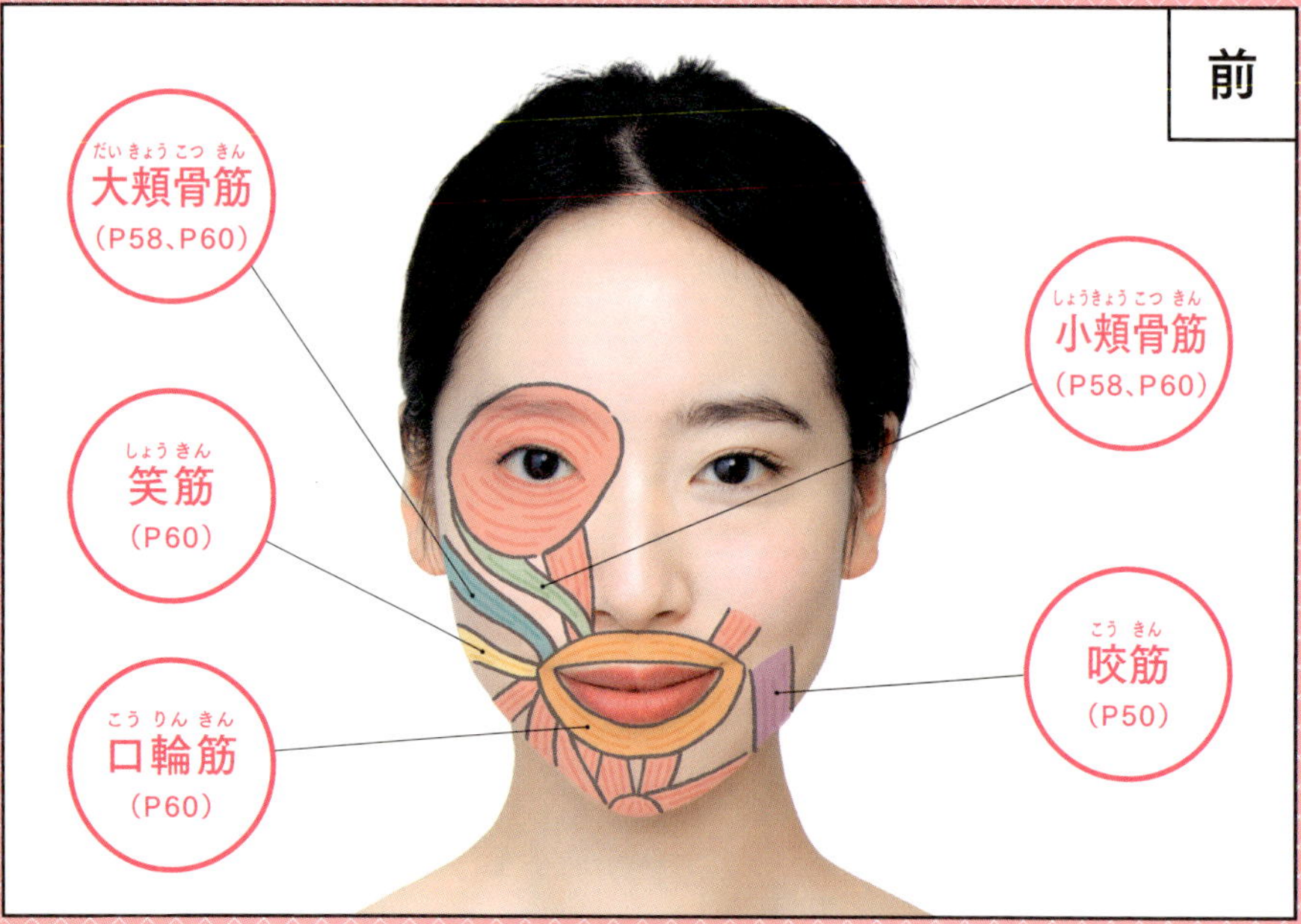

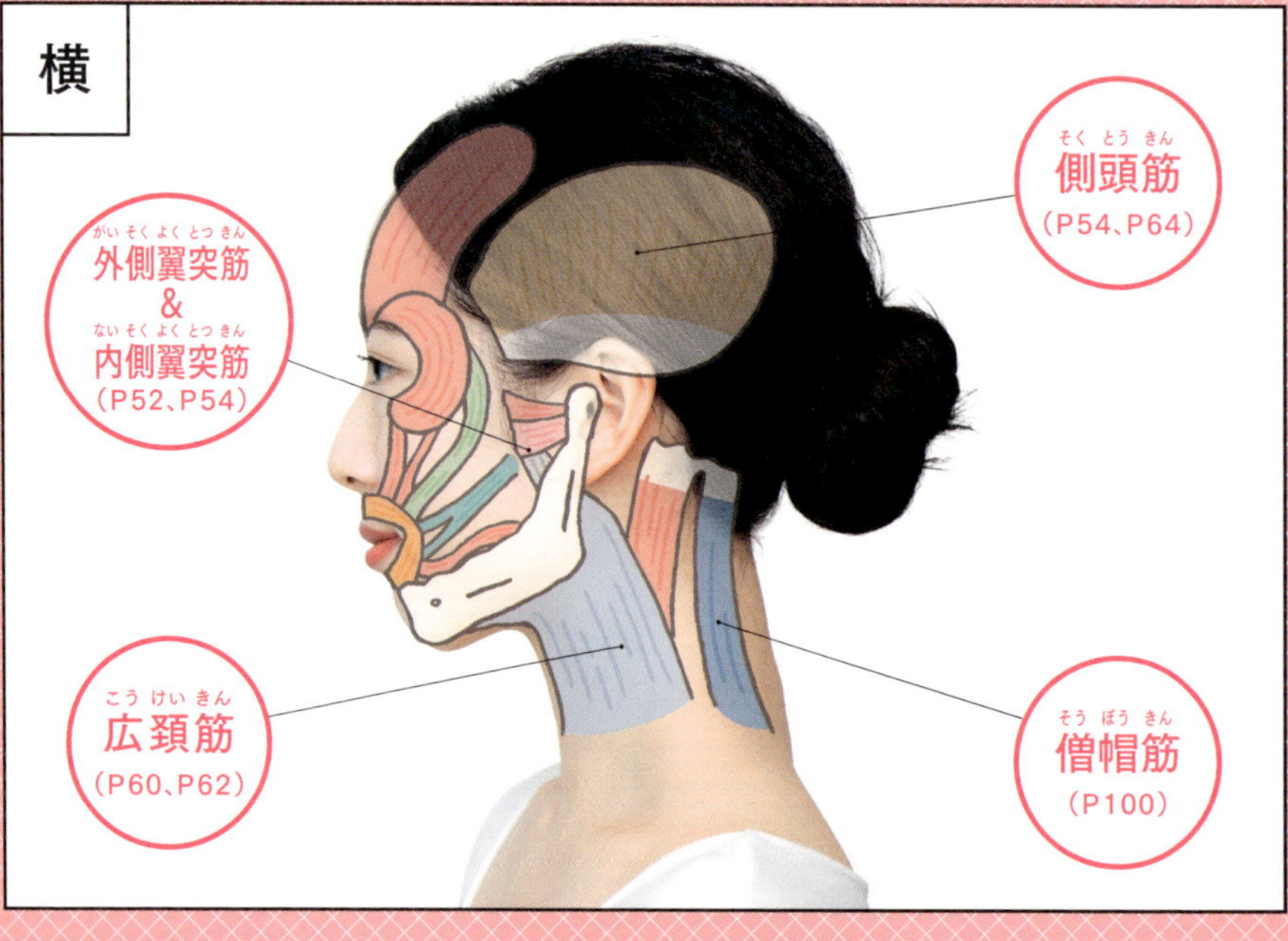

後ろ

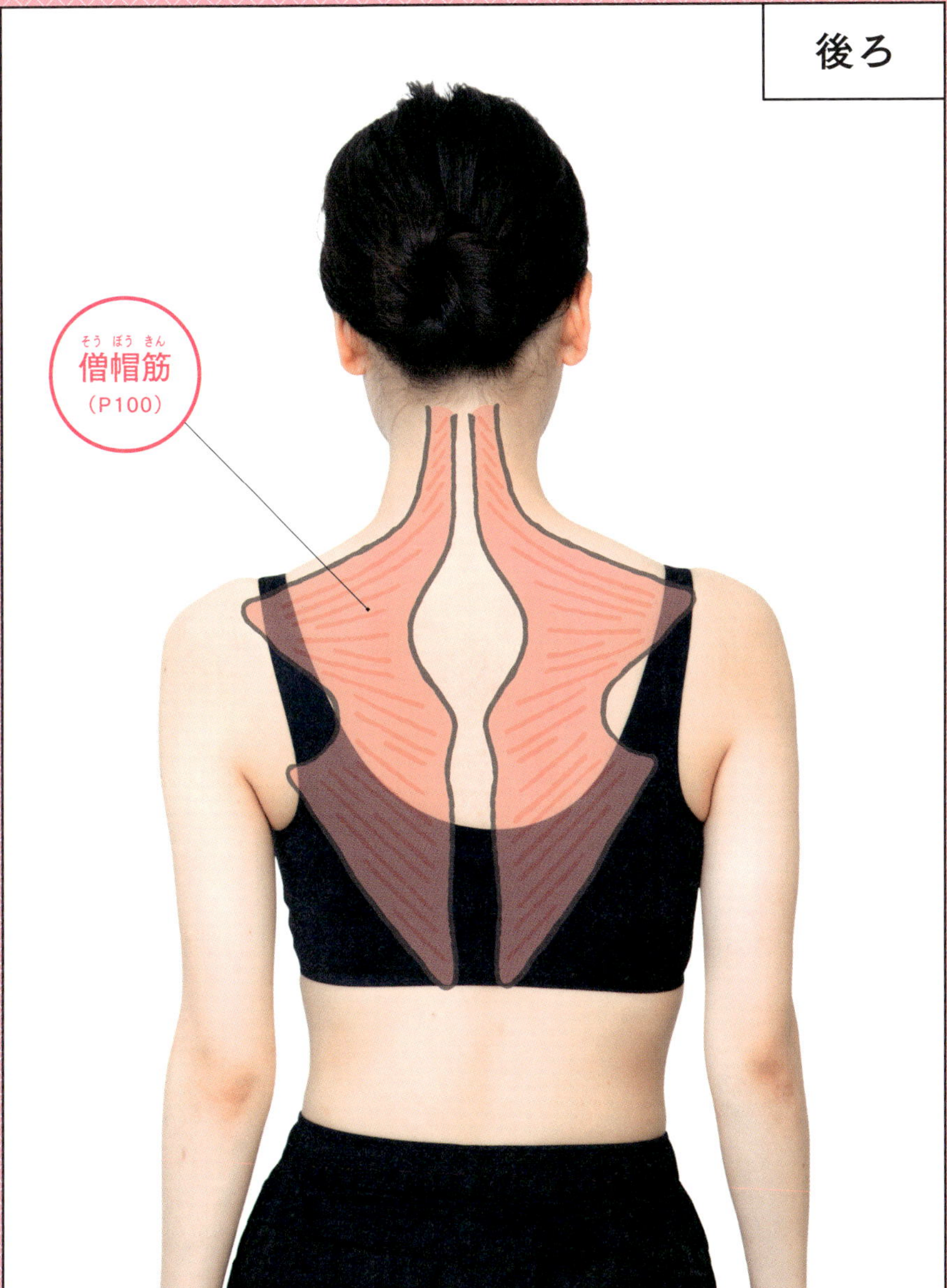

目指すのは
自分史上
最小の小顔

小顔で全身もすっきり

骨と筋肉から小顔をつくる、もうひとつのメリットが、「顔やせ」の絶大な効果です。

私は、即効性を重視するときには、むくみ解消マッサージを行ないますが、本質的に小顔にしたり、パーツにこだわって顔やせをするときには、骨や筋肉にアプローチをします。美容整体師として様々な方を施術してきて、骨を動かしたり、筋肉を意識してマッサージするほうが、やせる幅が圧倒的に大きいことを、実証済みだからです。

顔が小さくなると、第一印象がガラリと変わり、全身もすっきりと見えます。実際、私のお客様でも、エラや二重あごが消えただけで、**「『最近やせた？』って言われました！」**と、うれしそうに報告してくれる人が多くいます。そんな彼女たちは、まさに**小顔美人！**きつい食事制限や運動をしなくても、自分に自信が持てるようになり、毎日が大きく変わります。さあ、自分史上、最小の小顔づくりを始めましょう。

BEFORE
&
AFTER

体験
エピソード

本書のなかで紹介しているマッサージやトレーニングを毎日実践して、小顔になった方のエピソードを紹介します。整体院に通ってくださっている方たちなので、私が施術もしているのですが、ご本人たちの毎日のセルフケアがとても大切です。川島式メソッドに沿ったセルフケアがなければ施術をしても本当の小顔は手に入りません。

小顔を目指すのに、年齢はあまり関係ありません。大切なのは、本書にあるマッサージ&トレーニングをやるかやらないかです。体験エピソードに登場してくれた方たちは小顔になって、表情もとても明るくなりました。顔の大きさや二重あご、エラの張りなど自分の悩みを解決するマッサージやトレーニングを実践してみてくださいね。

あなたの小顔報告も楽しみにしています。

BEFORE & AFTER

体験エピソード❶ | りなさん

(BEFORE)

(AFTER)

**小顔矯正に月に1回来てもらい、
毎日のマッサージとトレーニングを
1年間頑張ってもらいました。**

実践しているマッサージ＆トレーニング

顎関節《がくかんせつ》体操（P54）

「車の運転中や、食事のあと、気づいたときにやっています」

頬骨《きょうこつ》マッサージ（P40）

「骨が横も前も出ていたのが気になっていたので、両方流れでやっています」

咬筋《こうきん》マッサージ（P50）

「これも、食事のあとと歯を食いしばってしまったあとにやるようにしています」

感想

昔は横の髪の毛で必ず顔を隠していて、顔全体を出すことはできなかったのですがこれをやり始めてから出せるようになりました！ やせてないのに「やせた？」と言われることも増えてうれしいです！

BEFORE & AFTER

体験エピソード❷ | はなさん

(BEFORE)

(AFTER)

**小顔矯正に5回来てもらい、
毎日のマッサージとトレーニングを
約2か月の間頑張ってもらいました。**

実践しているマッサージ＆トレーニング

エラマッサージ（P42）

「ちょっとキープがきついけど、
好きな音楽を聴きながらやるとあっという間です」

顎関節体操《がくかんせつ》（P54）＆小顔体操（P60）

「手を使わなくてもできるので、
運転中や雑誌を見ているときにやっています」

咬筋《こうきん》マッサージ（P50）

「マッサージをしていると、
コリがだんだんなくなっていくのがわかってうれしいです」

感想

昔から顔の輪郭はコンプレックスだったけど、小顔になりたくても何をしたらいいかわかりませんでした。今回のセルフケアと小顔矯正で整形以外でもこんなに変化を目に見えて実感できて感動しました。小顔になったことで、気持ちも前向きになれて、今は鏡を見るのが楽しいです。顔を隠さずに思いっきり出せます。家で簡単にセルフケアができるのがいいところなので、これからも続けていこうと思います！

マッサージを始める前に……

基本のルール

この本では、「マッサージ」「ストレッチ」「トレーニング」の3種類から、
その部位に最適な方法で、
小顔になるためのセルフケアを紹介していきます。
ケアを始める前に、確実に効果が出るためのポイントをおさえておきましょう。

1

時間は

「3分前後」がおすすめ

骨、筋肉ともに、1回のマッサージやストレッチ、トレーニングで、ある程度の効果を出したいのであれば、1つの方法につき、最低3分は行なってください。厳しいことを言うようですが、3分以下では、ほとんど効果が得られません。

「明日までにどうしても小顔に！」

そんな人には、あれもこれもとマッサージを行なうよりも「エラをなくす」「二重あごをなくす」など、自分が気になる部位に絞って、1つのマッサージにつき、3分×3セットをおすすめします。

2

強さは

「痛気持ちいい」で

マッサージを行なうときの圧のかけ方は、痛気持ちいいに。「早く顔を小さくしたい」と思うあまり、ついグリグリと力を入れてしまうと、炎症が起きたり、痛みが残ったりしてしまうことも！　場所によっては、シワの原因になるケースもあるので、注意しましょう。

特に、「口内ほぐし（P52）」のように口のなかにアプローチしたり、口や目の周辺など皮膚が薄くてデリケートな部分のマッサージについては、爪で皮膚を傷つけないように、十分に気をつけてください。

自分の悩みや
気になる部分に合うメニューに
チャレンジ！

3

場所は

「鏡の前」が基本

顔のマッサージを行なうときは、鏡の前がおすすめです。効果が実感できるのと同時に、皮膚が赤くなったり、傷ついたりしていないかなど、トラブルにすぐ気づくことができるからです。

一方で、3分が長くてどれもなかなか続かないという人は、まずは、自分がやると決めたマッサージを、しっかりと行なうことが最優先。テレビを見ながら、通勤中など、自分が一番やりやすい状態で行なってOK。毎日の生活のなかで、マッサージを習慣にしてしまいましょう。

4

効果的なのは

バスタイム＆就寝前

マッサージをする場所や時間として、私がおすすめするのが、バスタイムやお風呂上がりです。どちらも、体が温まっている状態なので、骨も筋肉も動きやすく、より効果が得られます。

また、PART4で紹介する骨盤のゆがみを整えたり、猫背を改善したりするケアは、1日の終わりである就寝前に行なうと効果大。寝る前にゆがみをリセットすることで、リラックスできて、ゆっくりと眠れます。さらに、翌朝からすっきりとした顔＆ボディで1日がスタートできます。

挫折しないで続けられる!

小顔効果を
3ステップで実感しよう

自分史上、最小の小顔をつくるためには、
自分が選んだ小顔ケアを最低でも2か月間は続けてみてください。
挫折しないコツは、日々、効果を実感すること!
次の3ステップで、変わっていく自分を楽しみながら
ケアを続けてください。

1

マッサージを始める前に顔の写真を撮影する

小顔マッサージを始める前に、今の自分の顔の写真を撮っておきましょう。できれば、正面、右から、左からの3カットをおさえておくとベスト。さらに、マッサージ後の顔も同じように撮影をします。そして、先のページで紹介したように、BEFORE & AFTERの写真を並べてみてください。

1日目のたった1回のマッサージでは、そんなに大きく変化が見られないかもしれませんが、毎日記録していくと、明らかに変化が見えてきます。変わってくる自分を見たら、もっと小顔に……と、やる気が出てくるはずです。

2

顔のマッサージは片方ずつ、効果を感じる

左右片方ずつ行なうマッサージは、できるだけ、片側を行なったら一度手をとめ、その効果をしっかりと確認しましょう。

例えば、「広頚筋《こうけいきん》ストレッチ（P62）」なら、左側をしたら、一度鏡を見ます。まだマッサージをしていない右側のあご～首すじの状態と比べて、どう違うかを確認。左右の違いが感じられれば、反対側のやる気もアップ！ もしも、変化が感じられないときには、もう一度、同じ側を行ないます。アプローチする場所をより意識できるので、効果が出てくるはずです。

3

硬さがとれてきたら効果が出ているサイン

初めてマッサージするときには、筋肉の硬さや、痛みを感じるはずです。ところが、続けていくうちに、やわらかくなってきたり、痛みがとれてきたりします。それこそが、確実に小顔になってきているサイン！

わかりやすいのが、「頬肉マッサージ（P58）」。頬にポコッと出ている部分にアプローチをしますが、最初は、硬くて痛みを感じる人がほとんど。しかし、続けているうちに、血流がよくなり、硬さや痛みがとれていきます。自分の顔や体の反応を確かめながら行なうと、ワクワクしながら続けられます。

小顔づくりの
はじめの一歩は
骨を正しい位置に
戻すこと

(PART) 2

骨を動かして小顔になる！

骨から小顔

1

★テッパンメニュー★

頬骨マッサージ

“頬骨締め”で即効小顔

頬骨が前に出ている人は……

正面から耳の方向へ押し込んでいく

❶ 顔の正面から、頬骨の一番高い部分に、左右それぞれの手のひらの下を当てる。

❷ そのまま耳の方向へ斜め下に頬骨を押し込んでいき、3分間キープ。

小顔になるワケ

顔が大きく見えてしまう最大の原因が「頬骨《きょうこつ》」。フェイスラインがシャープでも、頬骨が出ていると顔が大きく見えてしまいます。しかも、老けた印象に。

横や前に出ている頬骨を内側に押し込むだけで小顔になり、第一印象がガラリと変わります。

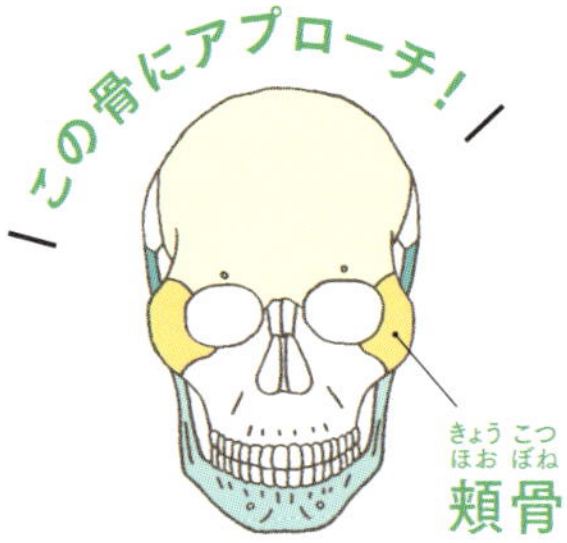

頬の上部にあり、少し高く出ている骨。目の下のくぼみや、頬の高さをつくっている。

頬骨が横に出ている人は……

横から内側へ押し込んでいく

両手で3分間キープ

頬骨を押し込んで
シャープに！
頬骨に当てるのはココ！
押さえる場所はココ！

頬骨に当てるのは、手のひらの下の部分。指先で押すよりも安定し、いい力加減でプッシュできるので、効果が出やすい。

頬を指で触ったときに、丸みがあって一番出っ張っている部分にアプローチ。

❶ 押さえる場所を確認し、顔の側面から、左右それぞれ手のひらの下の部分を当てる。❷ そのまま顔の中心へ向かって、気持ちいいと感じる強さでグーッと押していき、3分間キープ。テーブルなどに両肘をついて行なうと、両手が安定して、圧をかけやすい。

骨から小顔

2

テッパンメニュー

エラマッサージ

押すだけでエラが消える

小顔になるワケ

先に紹介した「頬骨《きょうこつ》」と並び、大きな顔に見える2大要因と言われるのが「下顎骨《かがくこつ》」。文字通り、下あごを形成している骨で、Uの字のような形をしています。この骨の両端が横に広がっていることが、エラが張って見える原因です。

下顎骨の両端をグーッと両手で内側に押し込むことで、U字の形の骨がたわんで、エラが引き締まります。

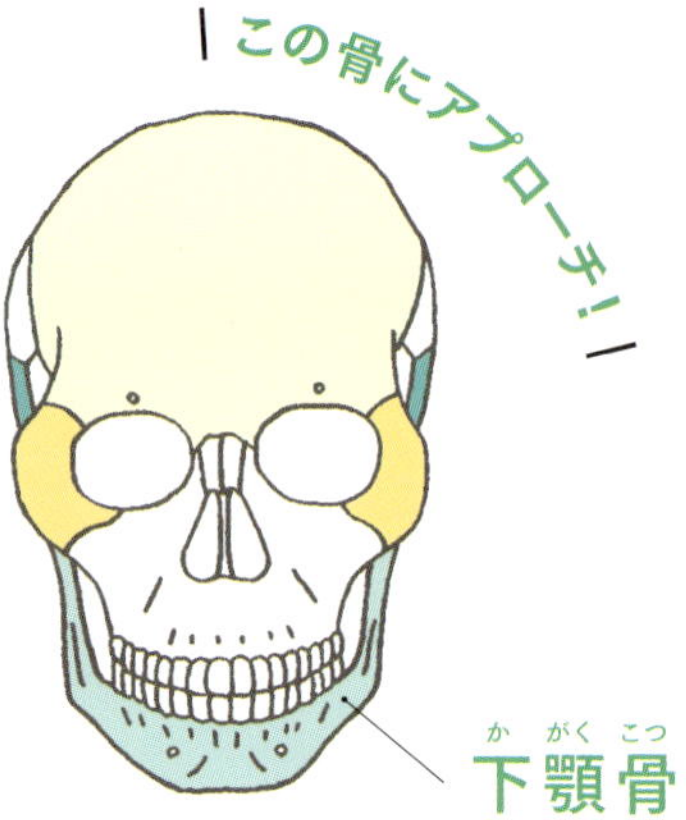

顔の下部にあるUの字のような馬蹄形《ばていけい》（馬のひづめのような形）の骨。骨と骨のつなぎ目である縫合はないが、左右の顎関節《がくかんせつ》で側頭骨《そくとうこつ》と結合しており、頭蓋骨《とうがいこつ》のなかで唯一、可動性がある骨。下あごを形成している。

口は軽く開いて横からプッシュ！

エラの骨を押し込んですっきり！

両手で3分間キープ

POINT

口は軽く開いて力を抜いた状態で

骨を押し込むときは、リラックスして口は半開き状態をキープ。力が抜けていたほうが、骨が動きやすい。

押さえる場所はココ！

下あごのつけ根あたりを指先で触ったときに、角になっている部分にアプローチ。

❶ 押さえる場所を確認し、エラの角に、左右それぞれ手のひらの下の部分を当てる。口は軽く開く。

❷ そのまま顔の中心へ向かって気持ちいいと感じる強さでグーッと押すと、骨がたわむ感じが伝わってくる。この状態で3分間キープ。

骨から小顔

3

頭のハチ張りを解消する

側頭骨マッサージ

小顔になるワケ

一般的に「頭が大きい」「頭のハチまわりがデカい」と言われる人の場合、「側頭骨《そくとうこつ》」が大きく関係しています。ちなみに、頭のハチとは、頭のカーブが強く膨らんでいる部分のこと。

側頭骨は、頭蓋骨《とうがいこつ》の様々な骨とつながっており、グーッと押し込んでいくことで、骨と骨の間のわずかなつなぎ目がつまって、ハチまわりやフェイスラインが引き締まります。

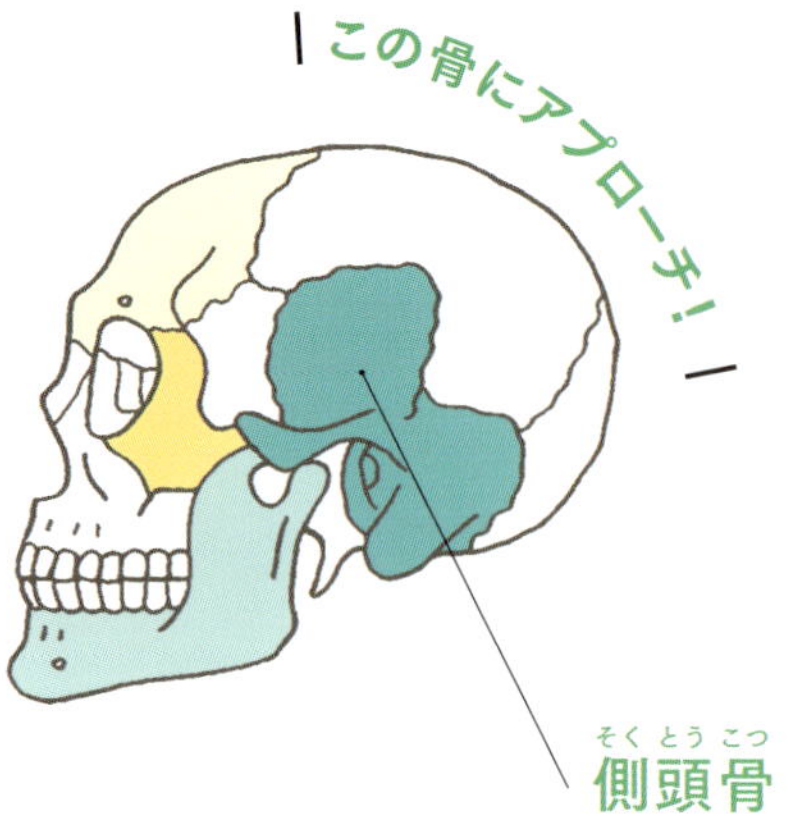

頭蓋骨の外側と、脳を下から支えている頭蓋底の一部を形成する骨。もともと4個の骨が癒合《ゆごう》してできたもので、蝶形骨《ちょうけいこつ》、頭頂骨《とうちょうこつ》、後頭骨《こうとうこつ》をはさんで、左右一対になっており、2個ある。

指先を当ててグルグル押す

耳の上を
真横に押し込む！
指先で
3分間
刺激する
指先を使って点で刺激！
押さえる場所はココ！

側《そく》頭《とう》骨《こつ》は側面にあり、比較的、刺激がしにくい部分。手のひらではなく、指先を当て、小刻みに動かして押し込んでいくと効果大。

耳の上のあたりを指先で触ったときに、一番出っ張っているところにアプローチ。

❶ 押さえる場所を確認したら、そこを中心に、写真のように側頭骨全体に指先を当てる。

❷ 指先に力を入れ、指先を小刻みに動かして、気持ちのいい強さで押し込んでいく。この刺激を３分間続ける。１、２、３……とリズムをとりながら行なうと、力を入れやすい。

頬骨＆前頭骨マッサージ

気になる顔の左右差を整える

片側の顔が下がっているとき

下がっている側の頬骨を上げる

3分間
キープ

❶ 下がっている側の頬骨《きょうこつ》の一番高い部分に、同じ側の手のひらの下の部分を当てる。
❷ 矢印の方向へ、気持ちいいと感じる強さで押し、3分間キープ。

小顔になるワケ

顔が左右非対称になる要因のひとつが、片かみグセなど顔の筋肉の使い方による偏り。また、頬骨自体が下がっていると筋肉も骨にひっぱられ、下がります。頬の高さをつくっている頬骨を押し上げることで、左右のバランスを整えます。

＼この骨にアプローチ！／

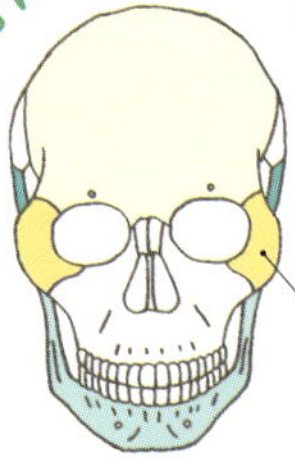

頬の上部にあり、少し高く出ている骨。目の下のくぼみや、頬の高さをつくっている。

片側の目が小さいとき

眠たそうな目の側の前頭骨を上げる

3分間キープ

❶ 眠たそうな目の上のくぼみに、同じ側の手の親指を、写真のようにひっかける。

❷ ひっかけた指を引き上げ、気持ちいいと感じる強さで３分間キープ。

小顔になるワケ

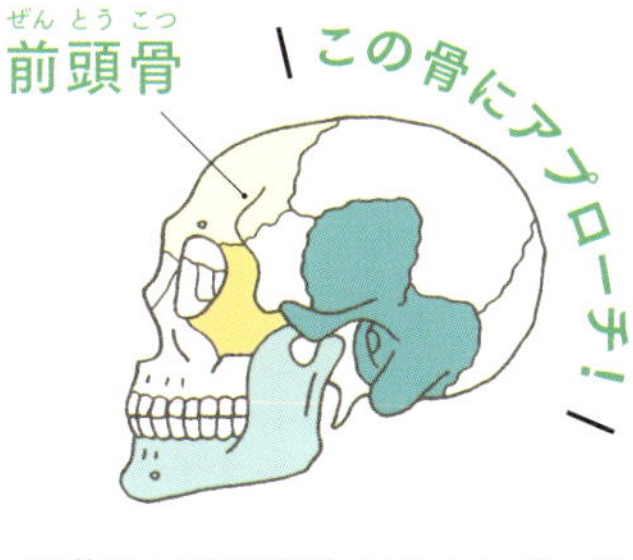

頭蓋骨の前頭部を形成する骨。目の上のくぼみから額にかけて大きく広がっていて、扁平状をしている。

頭蓋骨《とうがいこつ》は、前頭骨《ぜんとうこつ》をはじめ、いくつかの骨と骨がかみあって、つながっています（＝縫合《ほうごう》）。

前頭骨の目の上のくぼみを形成している部分を押し上げることで、骨と骨との間がわずかにつまっていき、左右均等な目の位置に整います。

カチカチでは
骨は動かない
筋肉をほぐすのが
小顔への近道

(PART) 3

筋肉を動かして小顔になる！

筋肉から小顔

1

咬筋マッサージ
筋肉ゆるめてエラ張り解消

1 頬骨《きょうこつ》の下（咬筋の始まり）をほぐす

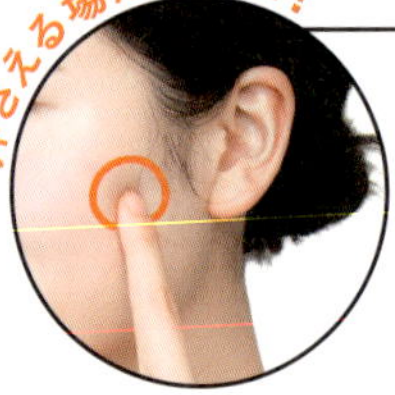

歯をくいしばったときに、頬骨《きょうこつ》の下あたりでボコッと前に出てくるところにアプローチ。咬筋《こうきん》の起始部分（筋肉が付着している）。

3分間ほぐす

押さえる場所を確認し、左右それぞれ人さし指、中指、薬指の指先を当てる。指先に軽く力を入れて、頭の方向へ円を描くように、頬のボコッと出る部分をほぐす。

小顔になるワケ

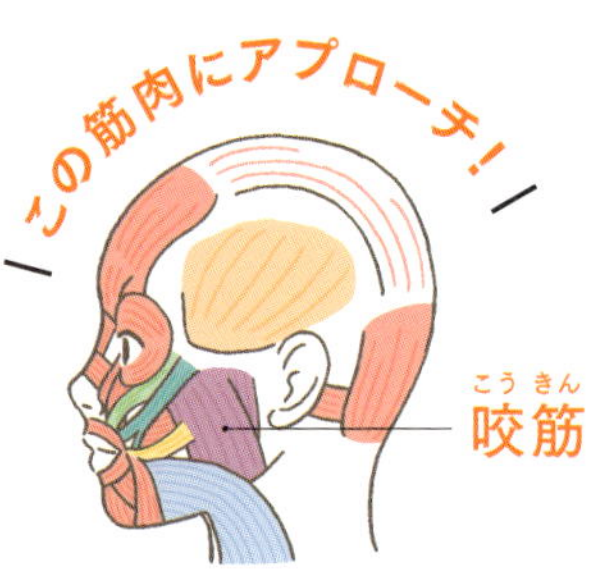

顔の側面・頬～あご周辺にあり、食べものをかむときに使う。主に下あごを強く引っ張り上げる働きがある。

咬筋《こうきん》は、食べものをかむときに使う筋肉のなかで、外側にある筋肉です。そのため、かみグセなどで咬筋がこり固まってしまうと、エラが張ったように見えてしまいます。

咬筋をゆるめて、エラ張りを解消しましょう。

2 下あご側の出ている部分（咬筋の終わり）をほぐす

頬骨《きょうこつ》の下、下あごのあたりで、かみしめるとボコッと出てくるところにアプローチ。咬筋《こうきん》の停止部分（筋肉が付着している）。

押さえる場所を確認し、左右それぞれ人さし指、中指、薬指の指先を当てる。指先に軽く力を入れて、頭の方向へ円を描くように、あごの横の筋肉をほぐしていく。グリグリと強く押すと余計に筋肉が固まってしまい、逆効果に。気持ちのいい程度の強さでやさしくマッサージ。

口内ほぐし
エラまわりをシャープにする

小顔になるワケ

外側翼突筋《がいそくよくとつきん》は、口を開くときに下あごを前方に動かします。内側翼突筋《ないそくよくとつきん》は、口を閉じるときに下あごを引き上げます。硬い食べものを食べすぎたりすると、これらの筋肉に負担がかかり、硬くなったり、肥大化したりして、エラが張ってきます。

どちらも皮膚の奥にある筋肉なので、口の中と外からはさんで、やさしくほぐしましょう。エラまわりがすっきりします。

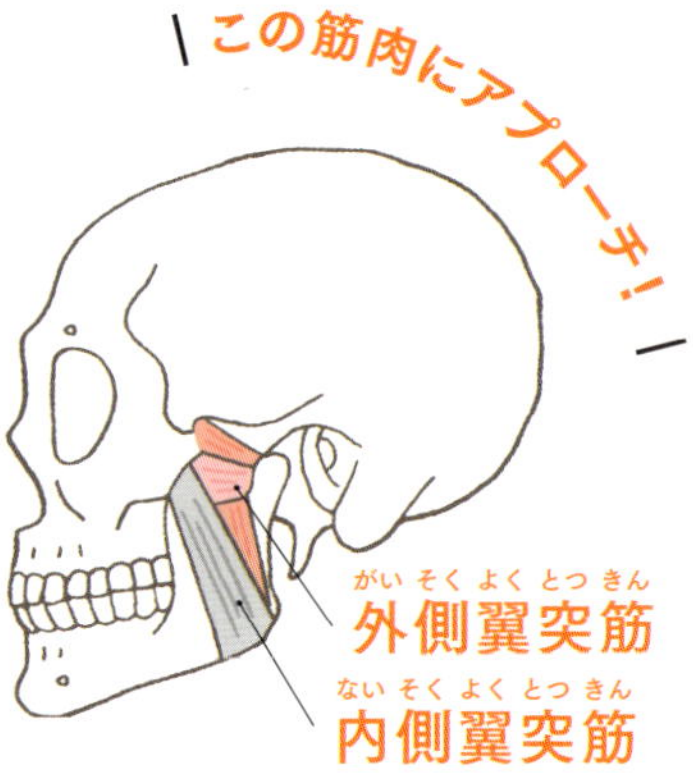

咀嚼筋《そしゃくきん》（食べものをかみくだくときに使う筋肉）のなかのふたつ。ちなみに、咀嚼筋には、P50で紹介した「咬《こう》筋《きん》」、今回アプローチする「外側翼突筋《がいそくよくとつきん》」「内側翼突筋《ないそくよくとつきん》」、P54、64で紹介する「側頭筋《そくとうきん》」の４つがある。

頬の奥にある筋肉をつかんで揺らす

口のなかに
指を入れてやさしく!

3分間
揺らす

つかむ場所はココ!

写真のように、頬の外側と内側を大きくはさむようにして、アプローチ。

口の中から見ると……

奥歯の奥で硬くて太い部分が、「外側翼突《がいそくよくとつ》筋《きん》」と「内側翼突筋《ないそくよくとつきん》」。

口を開き、写真のように親指を頬の外側で硬いところに当てる。そのまま口のなかに人さし指を入れ、奥歯の奥の硬く太いところに指先を当てる。2本の指ではさむイメージで頬を上下に少し揺らし、口内を傷つけないようにやさしくほぐす。入浴中に行なうのがおすすめ!

筋肉から小顔

3

テッパンメニュー

顎関節体操

老廃物を流して顔全体をすっきり

1 下あごを前に出して戻す

食後に行なうのがおすすめ

出す→戻すを4回

口を軽く開き、下あごを前方へ出す。思いっきり出したら、元の位置に戻す。これを4回繰り返す。あごが動くのを意識しながら行なうと効果的。

小顔になるワケ

今回アプローチするのは、咀《そ》嚼筋《しゃくきん》と呼ばれる4つの筋肉。全てあご周辺に付着しており、これらの筋肉を動かし、ゆるめていきます。すると、顎関節《がくかんせつ》が動きやすくなり、顔の代謝がアップしてエラが目立たなくなり、フェイスラインがシャープに。

この筋肉にアプローチ！

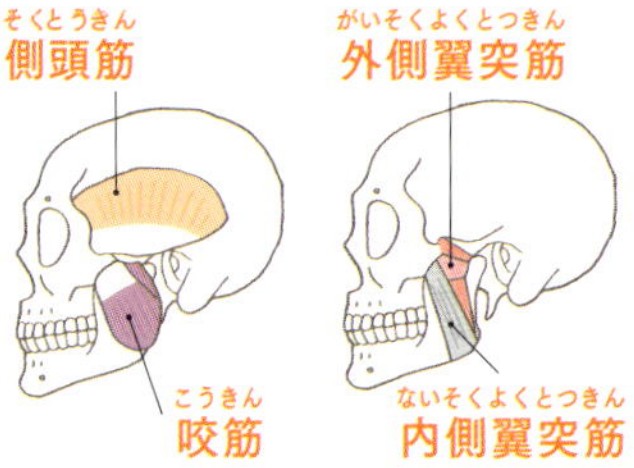

「外側翼突筋《がいそくよくとつきん》」「内側翼突筋《ないそくよくとつきん》」はＰ52、「咬筋《こうきん》」はＰ50参照。「側頭筋《そくとうきん》」は、口を閉じる際に、下あごを引き上げる。

2 下あごを左右に動かす

鏡を見ながら
あごの動きを確認

左右
4往復

POINT

**思いっきり
左へ、右へ**

左右ともに、これ以上無理と思うところまで、下あごを動かします。なかなか動かないのは、筋肉が硬くなっているサイン。続けるうちに動きやすくなります。

口を軽く開き、下あごを左へ、できるだけ動かす。思いっきり動かしたら、今度は右へ、できるだけ動かす。左右1回1セットで4回行なう。このときも、あごが動くのを意識しながら行なうのがおすすめ。

3 下あごをできるだけ前へ出す

POINT

下唇を前へ

下唇をできるだけ前へ突き出すようにすると、下あごも自然と前へ動きます。

2秒間キープ×4回

口を閉じて、そのまま唇ごと下あごをできるだけ前へ、「ウー」というイメージで突き出す。その状態で2秒キープしたら、下あごを元に戻す。これを4回繰り返す。首すじまで伸びるのを感じながら行なうと効果的。

4 口をできるだけ大きく開く

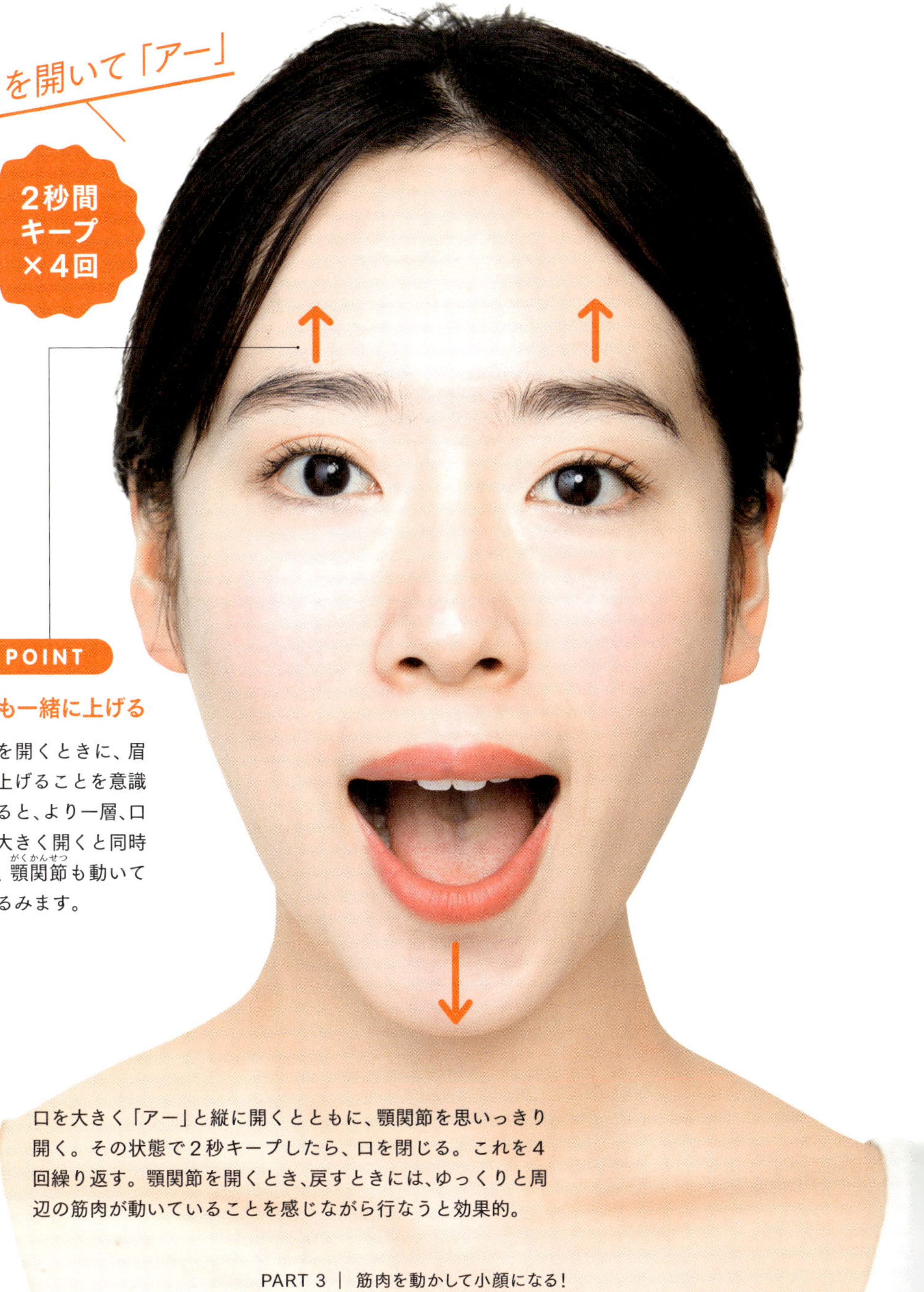

口を開いて「アー」

2秒間
キープ
×4回

POINT

眉も一緒に上げる

口を開くときに、眉も上げることを意識すると、より一層、口が大きく開くと同時に、顎関節《がくかんせつ》も動いてゆるみます。

口を大きく「アー」と縦に開くとともに、顎関節を思いっきり開く。その状態で2秒キープしたら、口を閉じる。これを4回繰り返す。顎関節を開くとき、戻すときには、ゆっくりと周辺の筋肉が動いていることを感じながら行なうと効果的。

4

頬肉マッサージ ほうれい線を消す

小顔になるワケ

頬骨《きょうこつ》周辺の筋肉を軽く押したときに、硬かったり、痛みを感じたりする人は、頬に脂肪が固まっている可能性大。

また、頬骨周辺の筋肉が硬いと笑ったときに筋肉が皮膚と一緒に動かず、垂れ下がり、ほうれい線ができてしまうことに。

頬骨からつながる小頬骨筋《しょうきょうこつきん》、大頬骨筋《だいきょうこつきん》を中心に、頬骨周辺の筋肉をほぐして頬の脂肪を流し、ほうれい線を解消しましょう。

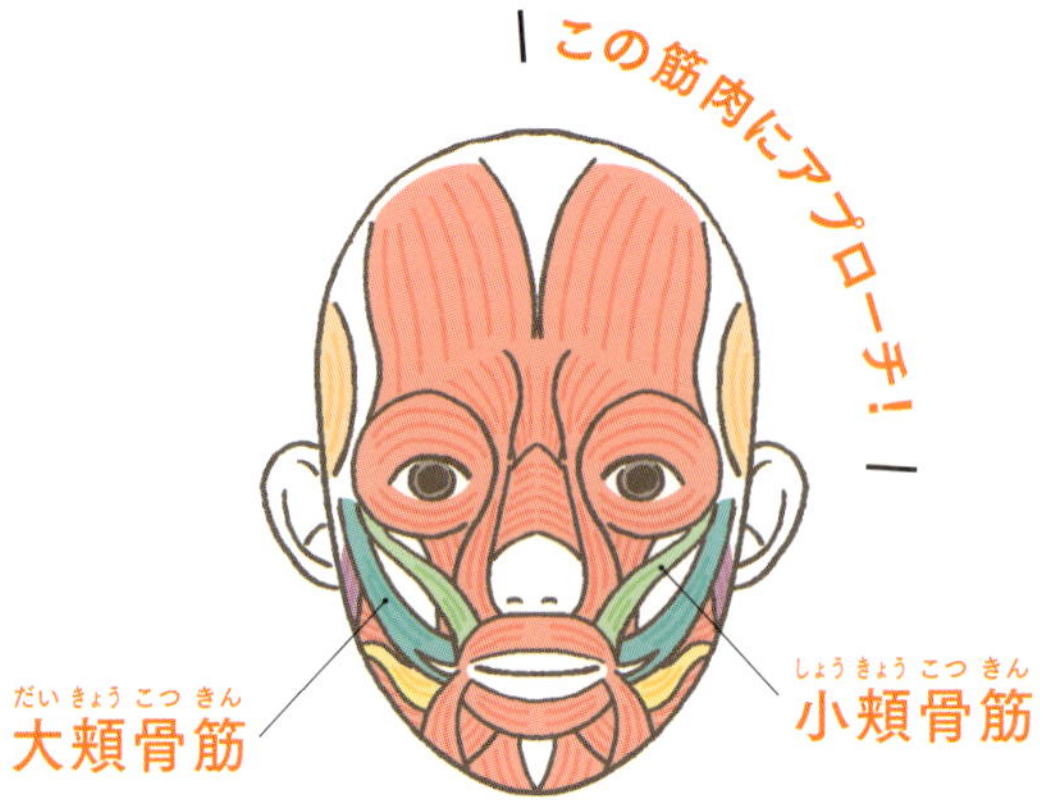

小頬骨筋《しょうきょうこつきん》、大頬骨筋《だいきょうこつきん》は、顔の表情筋と言われる筋肉で、頬骨からつながっていて、口角を引き上げるときに働く。この２つの筋肉を含め、頬肉マッサージでは、顔全体の筋肉をほぐしていく。

ほっぺたの肉を念入りにマッサージ

頬のセルライトを流す!

3分間ほぐす

POINT

指3本でゆっくりと

喜怒哀楽があまりなく、普段、顔の筋肉を使っていないと、脂肪の塊、いわゆるセルライトが頬にたまることに。ゆっくりとほぐしましょう。

押さえる場所はココ!

写真ように頬に指を当てると、ポコッと出てくるところにアプローチ。

押さえる場所を確認したら、左右の頬にそれぞれ人さし指、中指、薬指の指先を当て、顔の内側へ向かって円を描くように、3分間、ほぐす。脂肪や老廃物を流していくイメージで、丁寧にゆっくりとマッサージすると効果的。

筋肉から小顔

5

小顔体操

代謝アップで脂肪燃焼

1 唇を前へ突き出す

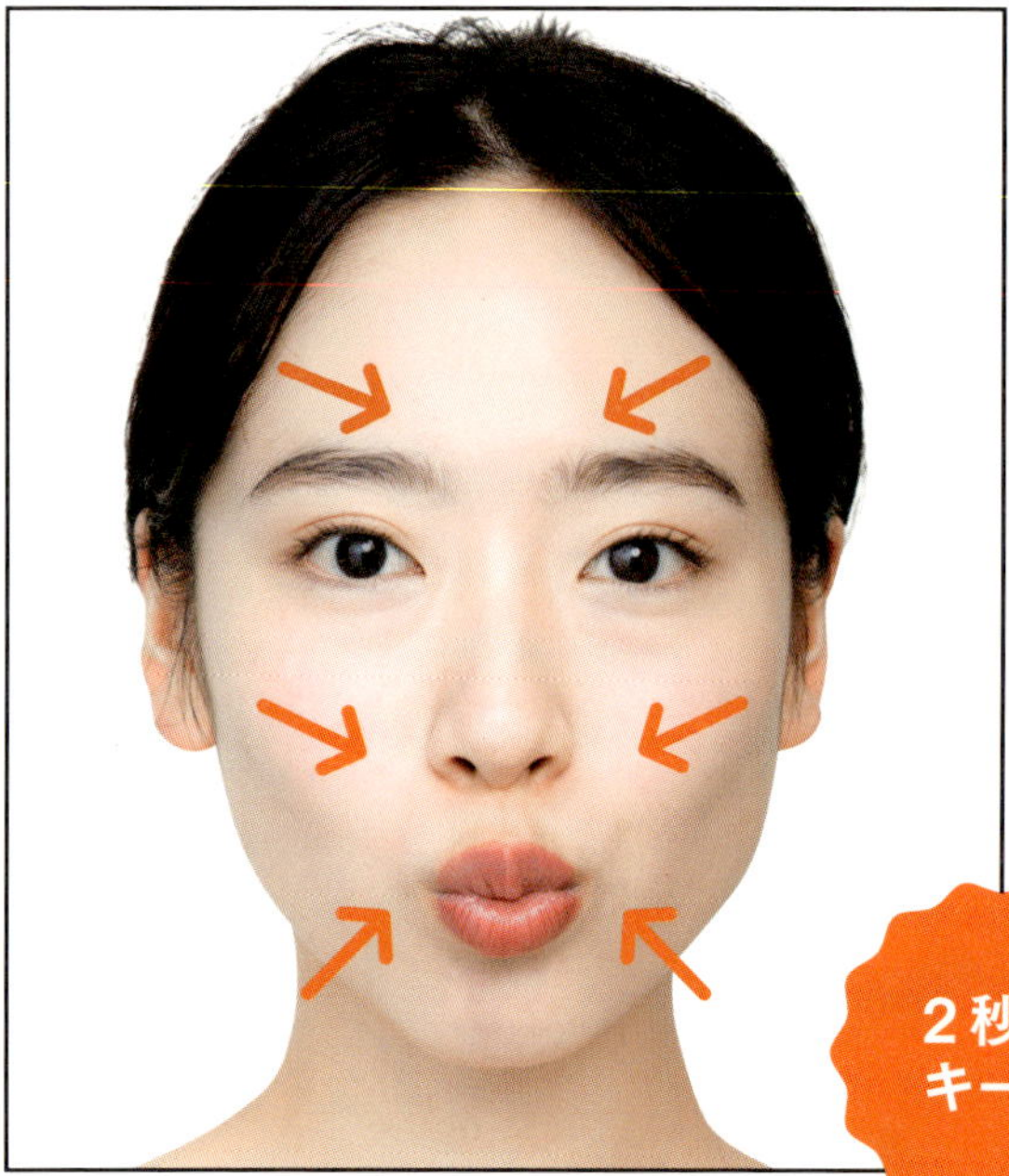

2秒間キープ

まっすぐ正面を見て目を開いたまま、唇をできるだけ前へ突き出す。口のまわりの筋肉を思いっきり使うイメージで。そのまま２秒間キープする。

小顔になるワケ

口元周辺の筋肉をはじめ、顔全体の筋肉をほぐすことで、代謝がアップ。脂肪や老廃物が排出され、むくみも解消。表情筋がよく動くようになるので、シワもできにくくなります。

毎日行なうと、脂肪がつきにくく、むくみ知らずの顔に。

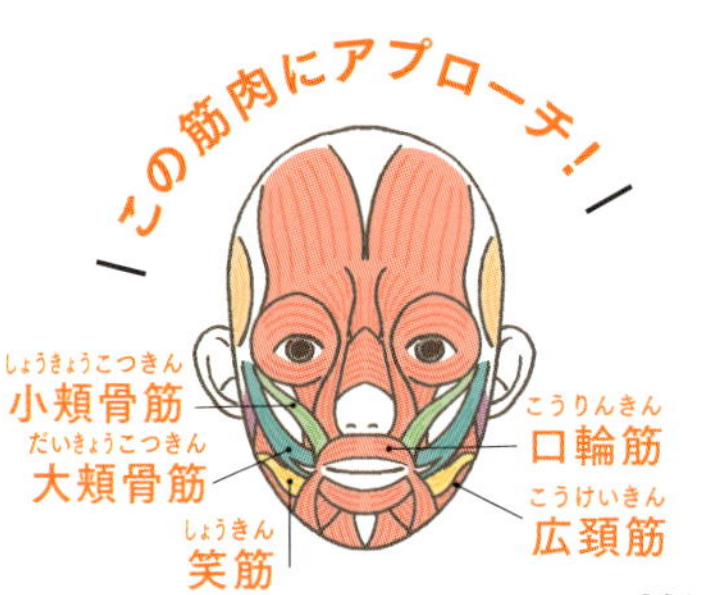

口の開閉や口元を引き上げる口輪《こうりん》筋《きん》、口を開ける広頚筋《こうけいきん》、笑筋《しょうきん》、小頬骨《しょうきょうこつ》筋《きん》、大頬骨筋《だいきょうこつきん》を中心に、顔の表情筋全体を動かす。

2 口と目を大きく開く

2秒間キープ

目も口もパーッと広げる

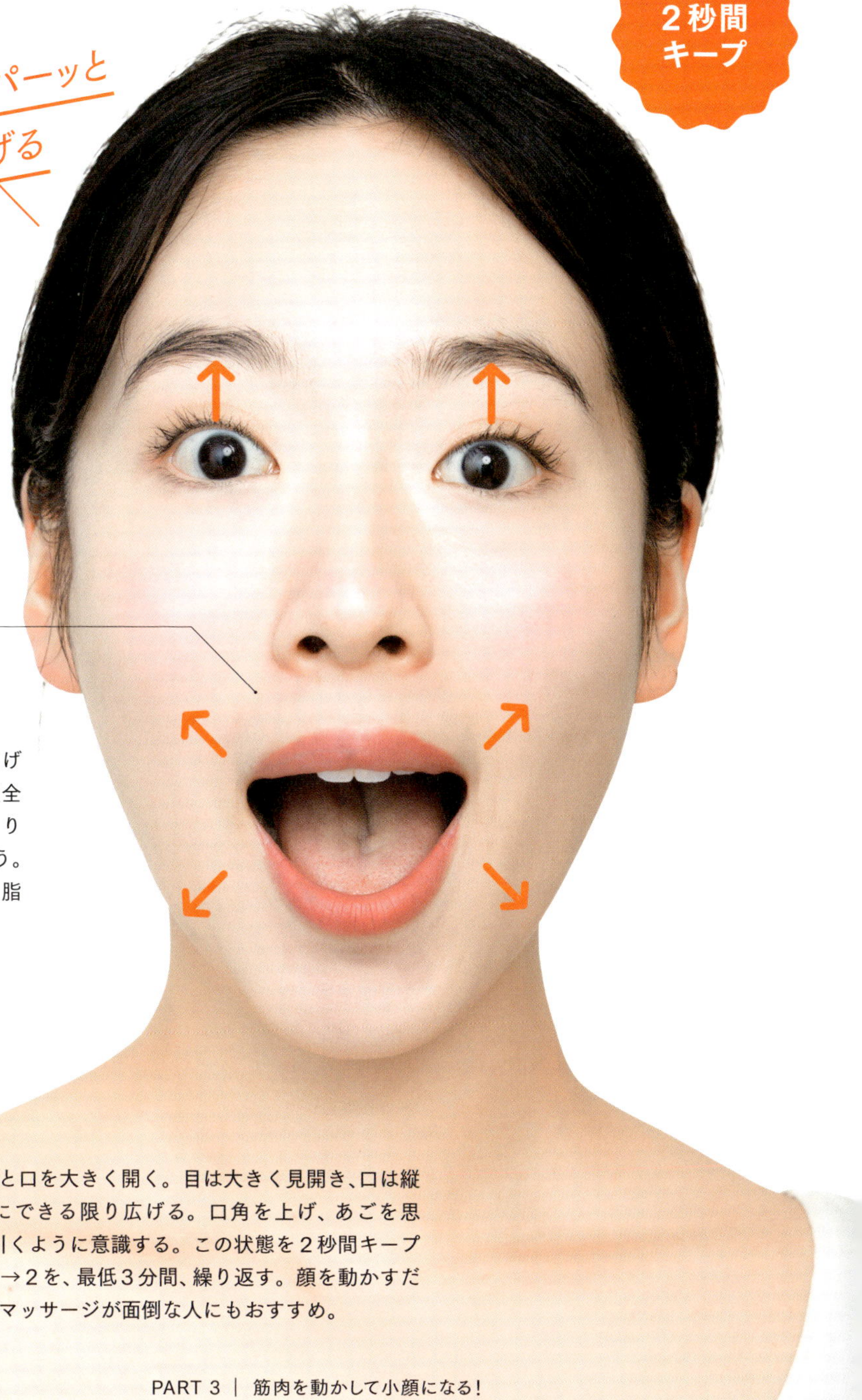

POINT

筋肉が動くのをしっかり感じて！

口をすぼめたり広げたりする際は、顔全体の筋肉をゆっくりと動かしましょう。代謝がアップし、脂肪も燃えます。

続けて、目と口を大きく開く。目は大きく見開き、口は縦＆横方向にできる限り広げる。口角を上げ、あごを思いっきり引くように意識する。この状態を２秒間キープしたら、１→２を、最低３分間、繰り返す。顔を動かすだけなので、マッサージが面倒な人にもおすすめ。

広頚筋ストレッチ
あご〜首すじを引き締める

1 あごを押さえる

2 鎖骨を押さえる

正面を向き、左のあごに、写真のように右手を当てる。続けて、左手の指先を、左の鎖骨《さこつ》にひっかけるように当てる。

小顔になるワケ

下あごから首すじにかけてついている広頚筋《こうけいきん》が硬くなって筋力が低下すると、口角が下がり、ほうれい線などの要因になります。また、首まわりが硬くなると、顔全体がむくんだ印象に。首すじを伸ばして、張りのある笑顔を手に入れましょう。

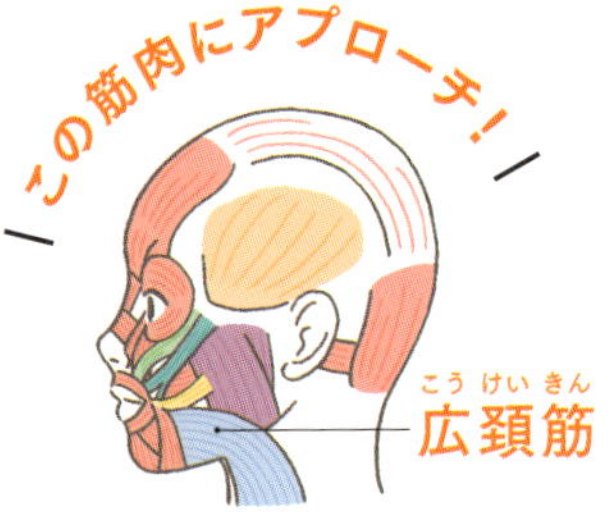

首にある筋肉のひとつで、下あごから胸の上部にかけて位置している。口角を下げる働きがある。

3 あごは上へ、鎖骨は下へ、伸ばす

1→2の状態のまま、ゆっくりと首を右に倒していく。同時に、左手であごを上げ、右手で鎖骨《さこつ》を下げ、さらにグーッと首すじを伸ばしていく。気持ちいいと感じる強さでゆっくりと1分間キープする。反対側も同様に。

筋肉から小顔

7

側頭筋マッサージ 頭ほぐしでリフトアップ

小顔になるワケ

側頭筋《そくとうきん》は、下あごを引き上げる強大な筋肉。そのため、この筋肉がこり固まっていると、あごだけでなく、顔を引き上げる力が弱まり、フェイスラインがもたついて、デカ顔に。

頭の側頭部が硬くて痛い人は、側頭筋マッサージでこりをほぐしましょう。即効性があるので、メイク前などに行なうのがおすすめ。フェイスラインがすっきりして、印象が変わります。

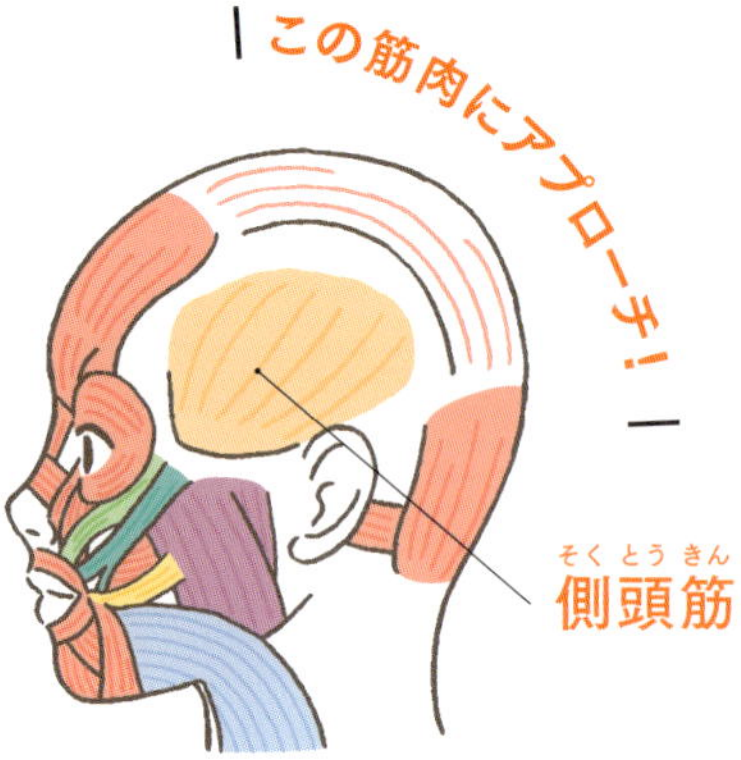

左右のこめかみ周辺から耳の上あたりに、扇状に広がっている筋肉。咀嚼筋《そしゃくきん》のひとつで、下あごを引き上げたり、後方に動かす働きをする。頭に位置しながら、表情筋を支えている筋肉でもある。

耳の上のやや前側をほぐす

正面から見ると……

耳の上１㎝を目安に、親指と小指以外の３本の指の腹を当てる。

3本の指先でグルグルと上へ
3分間
ほぐす

押さえる場所はココ！

耳の上あたりで、やや斜め前の部分に３本の指を当てて、アプローチ。

押さえる場所を確認し、左右それぞれ親指と小指以外の３本の指の腹を当てる。そのまま、指先に力を入れて上方向に押しながら、もみほぐす。広い筋肉なので、下から上へ向けて、少しずつ指先を移動しながら、全体で３分間もみほぐしていく。

筋肉から小顔 8

舌筋トレーニング 二重あごを解消してほっそり

1 舌を根元から上へ

初級編

上げて10秒間キープ

口は軽く閉じたまま、舌を根元から上へ持ち上げる。舌先を上の歯の裏につけ、そのまま舌全体を舌の根元までべったりと上あごにはりつけ、10秒間キープ。

小顔になるワケ

加齢や重力などによって、舌をあらゆる方向に動かす舌筋《ぜっきん》が衰えてくると、舌が下がり、あごの下も圧迫されて、二重あごを引き起こすことに。

舌筋を鍛えれば、舌もあごも引き上がって、シャープなあごのラインがよみがえってきます。

舌の内部にあり、舌を上げたり下げたりするなど、舌の運動をつかさどる筋肉の総称。

2 舌を根元から下へ

下げて
10秒間
キープ

POINT

舌を根元から動かす

最初のうちは、あごを手で触りながら行ないましょう。あごが動いていれば、舌も根元からしっかりと動かせています。

1→2を
3分間

口は閉じたまま、今度は、舌を根元から下へ下ろし、舌先を下の歯の裏につけ、そのまま舌全体を舌の根元からべったりと下あごにはりつけたまま、10秒間キープ。 1→2を3分間繰り返す。

中級編

舌を歯のまわりをなぞるように回す

POINT

ゆっくり大きく回して

ゆっくりと大きく回すことを意識すると、舌全体の筋トレ効果がアップして、二重あごが解消されていきます。

口を閉じたまま、舌先を歯の表面につけてなぞるようにしながら、口のなかで大きく円を描くように、舌を時計回りに1周させる。舌先だけでなく、舌の根元から全体を動かすように。これを10回行なう。続けて、反対回りも同様に、10回行なう。

上級編

上を向いて舌を突き出し、上へ、下へ

天井を見ながら舌を下げる
のどを
できるだけ
伸ばす

POINT

舌先で「鼻をタッチ」「あごをタッチ」する

頭を後ろへ傾け、のどをできるだけ伸ばして行ないます。のどの奥から舌を出して、思いっきり上下に動かしましょう。

上下で 1分間 ×3回

舌を上げる

❶ 頭を後ろに倒し、舌を突き出す。そのまま舌先で鼻をタッチするつもりで、思いっきり舌を上げて30秒間キープ。

❷ 舌先であごをタッチするつもりで、思いっきり舌を下げて、30秒間キープ。①→②で１分間を、３回行なう。上級編なので効果は高いが、ややハード。初級編、中級編で舌筋《ぜっきん》の力がついてきてから、行なうのがおすすめ。

KOGAO COLUMN

顔を変えるのではなく 骨と筋肉を 元の位置に戻すだけ

生まれたときには、みんな一番の小顔。だから誰でも小顔になれる。顔を変えるのではなく、もともとの顔の大きさに戻すだけ――。

これが、「顔が大きくて……」と悩んでいるすべての人に、私が本当に伝えたいメッセージです。

もちろん、赤ちゃんのときに、顔が小さいのは当たり前。でも、ちょっと前の自分と今の写真を比べても、たいていの人は、以前の自分のほうが、顔がシャープではないでしょうか。

顔に限らず、体だって今より若いときのほうが、どこにも痛みはなく、元気だったはずです。

では、昔と今の自分は、何が違うのでしょう？

骨格のプロである私から言えば、長年の習慣や加齢、重力などによって、骨や筋肉の位置が変わってきているのです。

つまり、それを元の正常な位置に戻してあげれば、シャープな顔も、元気な体も、取り戻すことができるのです。

骨が正しい
位置に戻れば
筋肉も
ニュートラルに！

顔が小さい人に
猫背はいません
腰や背骨がずれたままでは
本物の小顔にはなれない

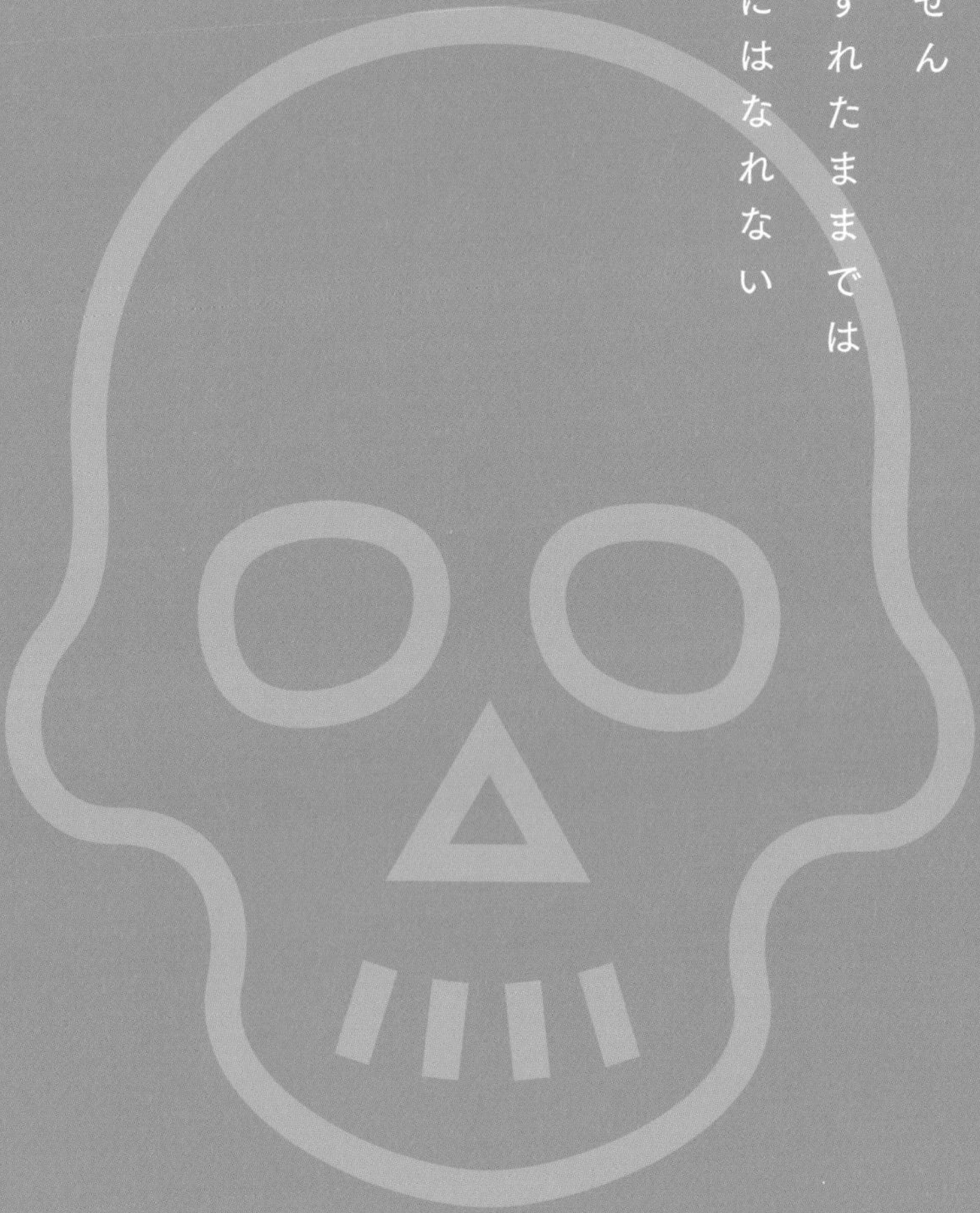

(PART) 4

効率よく、もっと小顔になる！

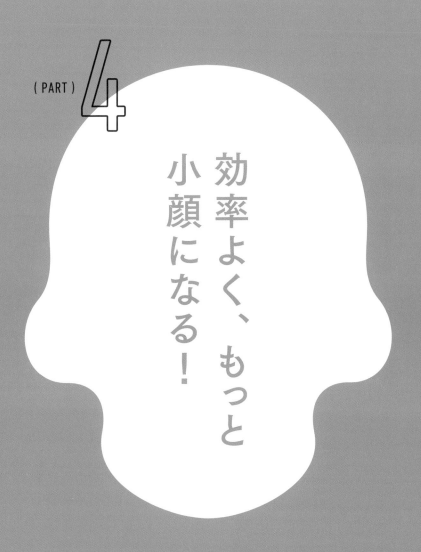

もっと小顔

骨盤のゆがみを整える

骨盤のゆがみが顔のゆがみ、たるみに！

小顔にどうして骨盤が関係あるの？　そう思う人もいるかもしれません。でも、鏡を見たときに「私の顔、右のほうが下がっているかも？　もしかしたらゆがんでいる？」と思ったことはありませんか？

顔がゆがむ原因には、いろいろなケースがありますが、これまで数多くの施術をしてきた経験から、骨盤のゆがみが関連している場合が多く見られます。

そもそも、私たちの体は約２００個の骨で構成されており、そのなかでも骨盤は体の中心にあって、上半身と下半身をつないでいる要です。体の中心にある骨盤がゆがめば、それに連動して、顔から脚まで、全身の骨格もゆがみます。顔の骨格がゆがむと、筋肉の使われ方が偏って顔が大きくなったり、アンバランスになったりします。血流や代謝も悪くなります。骨盤からケアして、小顔になりやすい骨格に整えましょう。

骨盤のしくみ

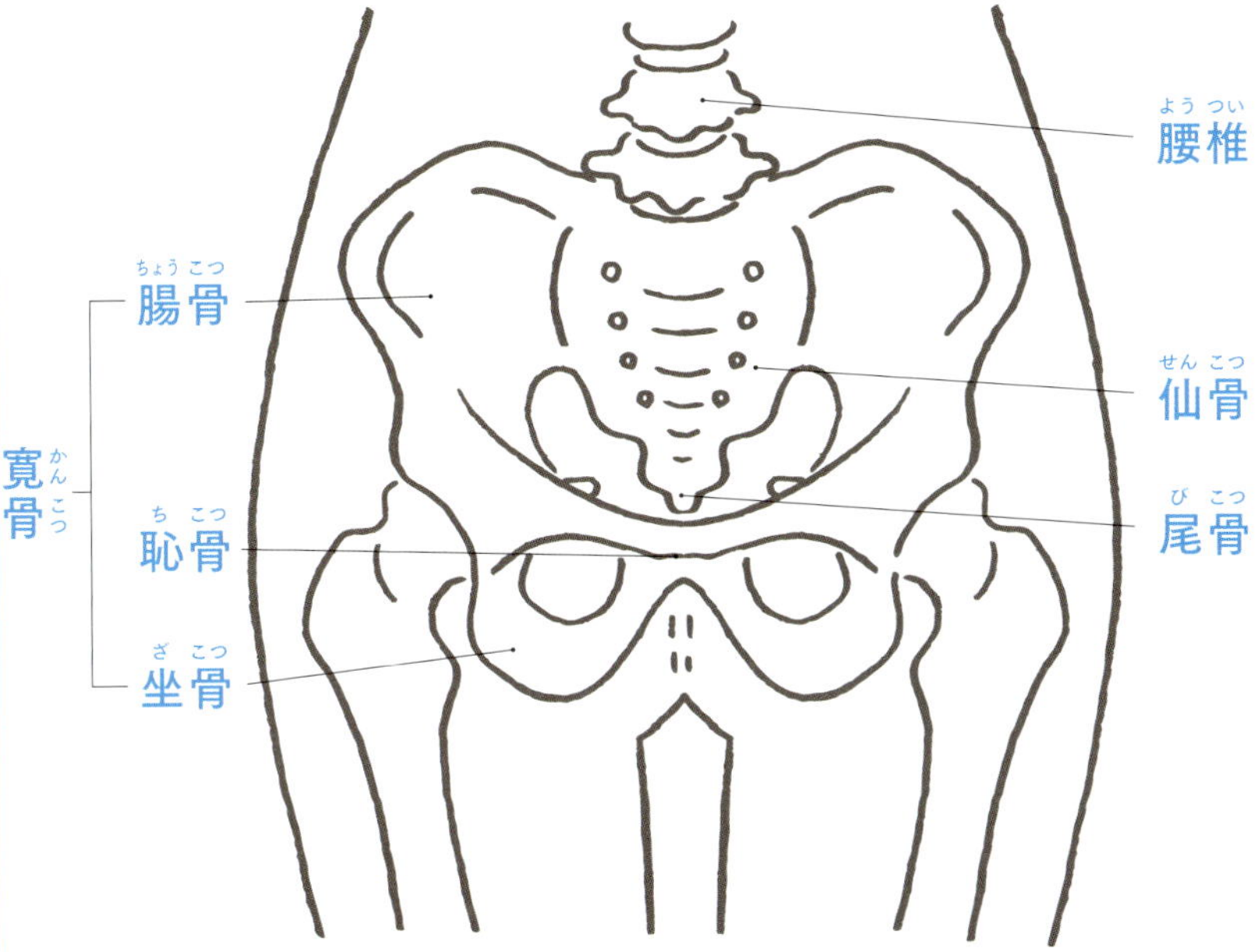

骨盤とは、腰椎《ようつい》の下に位置する「仙骨《せんこつ》」、仙骨の先にある「尾骨《びこつ》」、仙骨から左右に張り出している「寛骨《かんこつ》」によって構成されています。寛骨は「腸骨《ちょうこつ》」、「恥骨《ちこつ》」、「坐骨《ざこつ》」が融合した骨です。体の中心にある骨盤は、上半身と下半身をつなぎ、全身の姿勢を支えています。

骨盤の役割

- **上半身と下半身をつなぎ、人の体を支える土台**
- **座ったり歩いたりするときに、大切な役割を果たす**

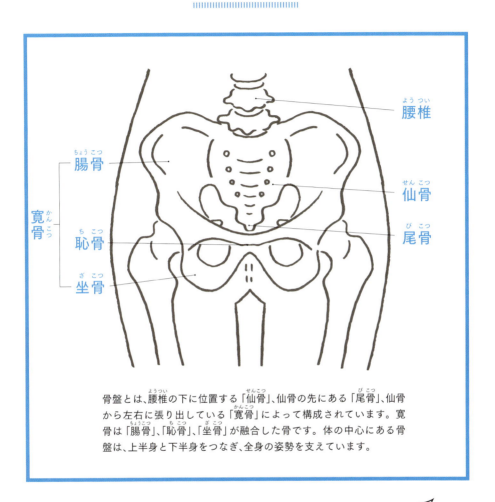

骨盤のゆがみ セルフチェック

あなたの顔のゆがみやたるみは、骨盤のゆがみが原因かも!?
骨盤の状態をチェックしてみましょう。
下記の当てはまるものに ☑ をしてください。

- □ ❶ 右脚を上にして足を組むことが多い
- □ ❷ 左脚を上にして足を組むことが多い
- □ ❸ 右足よりも、左足の靴のかかとの減りが早い
- □ ❹ 左足よりも、右足の靴のかかとの減りが早い
- □ ❺ スカートが右方向へ、回ってしまうことが多い
- □ ❻ スカートが左方向へ、回ってしまうことが多い
- □ ❼ 寝るときには、左に横向きで寝て、右脚を曲げていることが多い
- □ ❽ 寝るときには、右に横向きで寝て、左脚を曲げていることが多い

解説

ひとつでも ☑ がついた人は、骨盤のゆがみあり。❶、❸、❺、❼に ☑ がついた人は右の骨盤、❷、❹、❻、❽に ☑ がついた人は、左の骨盤がゆがんでいる可能性があります。また、床に脚を伸ばして座った際、脚が短いほうの骨盤がゆがんでいます。

骨盤が傾いていると顔は大きくなる

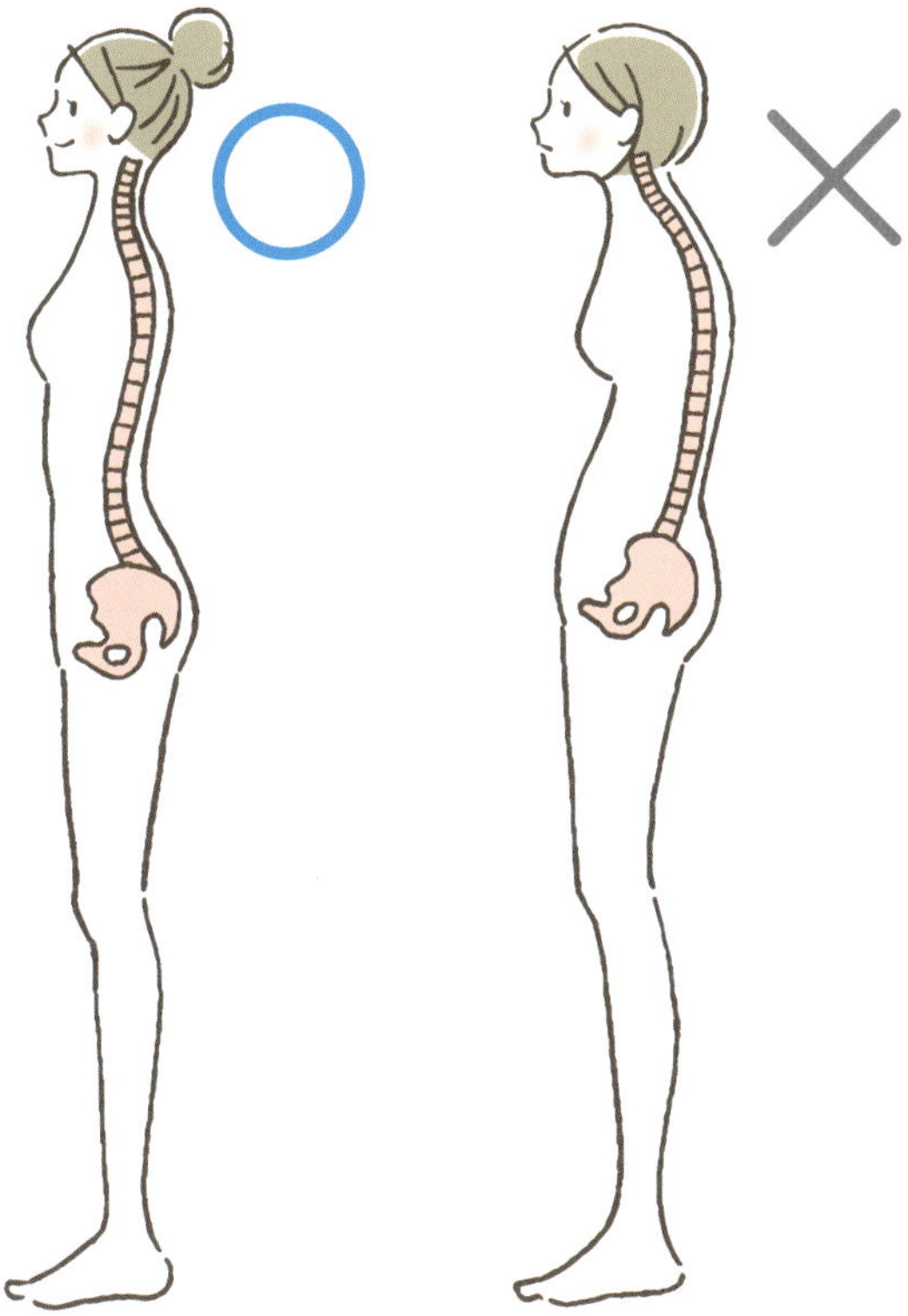

右のように背中が丸い人は、脊柱《せきちゅう》（頚椎《けいつい》〜胸椎《きょうつい》〜腰椎《ようつい》）が、固まった状態。脊柱の下にある骨盤も傾き、動きが悪くなっていると考えられます。頭も前に出て首に負担がかかり、血行不良に。顔に脂肪やむくみがたまって顔が大きくなってしまいます。

骨盤から顔につながる、腰椎→胸椎→頚椎を整えることは小顔への近道！　その方法を次ページより紹介します。

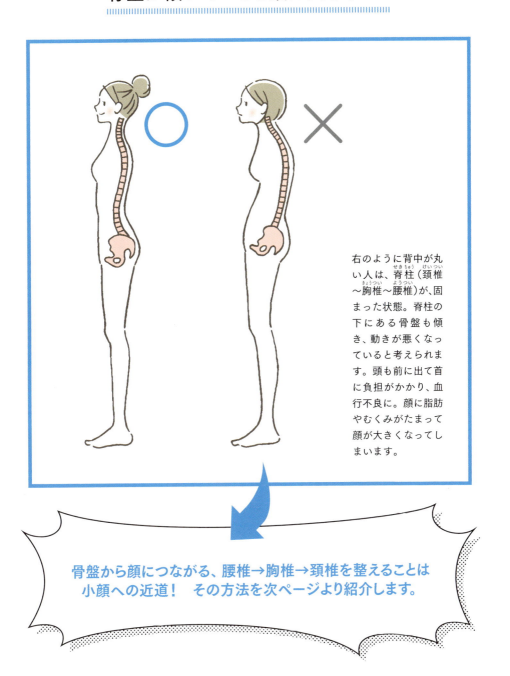

もっと小顔

1

腰椎を整える

腰の骨から顔のゆがみ撃退

小顔になるワケ

体の土台となる骨盤がゆがんでいると、すぐ上にある腰椎《ようつい》もゆがみ、動きが悪くなります。すると、その上の胸椎《きょうつい》、頸椎《けいつい》も動きが制限されて、首の動きが悪くなります。結果、顔の代謝が低下して、デカ顔に。まずは、背骨の大元である腰椎から順に、整えていきましょう。

　腰椎、胸椎、頸椎と整えていくことで、血行がよくなり、小顔になりやすい体になります。

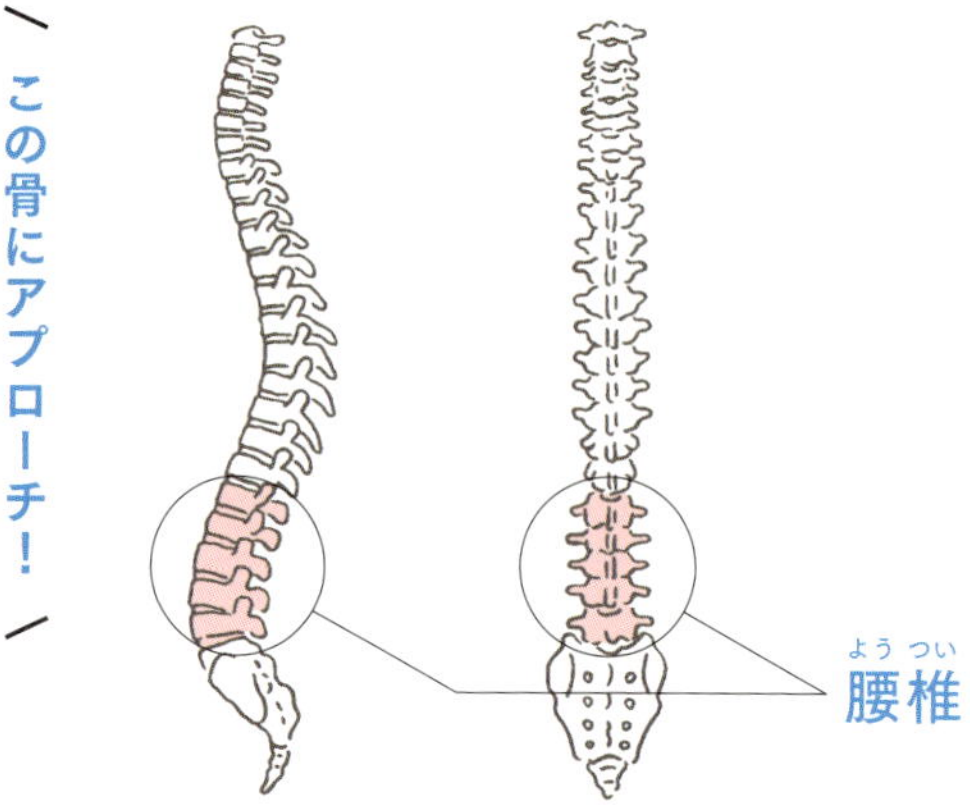

腰の部分に位置する５個の骨。体を曲げたり反らしたりする動きが得意。通常は前弯《ぜんわん》しているが、骨盤がゆがむと、過度に前弯したり、ストレートや後弯《こうわん》したりして、様々なトラブルを引き起こす。

準備しよう！

1 テニスボールを1個用意する

硬式テニスボールを1個用意。テニスボールの硬さが、腰の骨や筋肉に適度な刺激を与えて、骨を動かし、筋肉をゆるめて、腰椎《ようつい》を整えます。ゴルフボールでもOK。

2 テニスボールを当てる場所はココ！

背骨のすぐ横で骨盤の少し上、腰椎のあたりにボールを当てます。このあたりに、背骨を支える筋肉が集中しています。背骨をはさんで対称に、反対側も同様に。

腰にテニスボールを当てて

あお向けに寝る

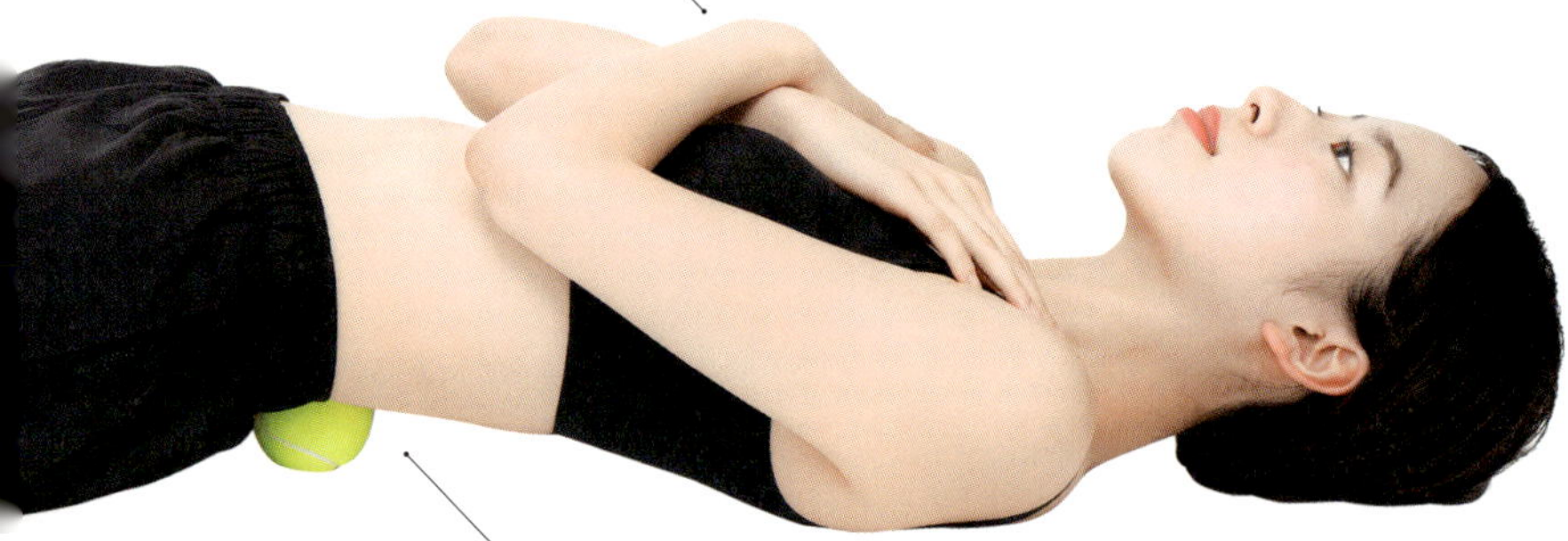

POINT

ボールは腰椎《ようつい》に当てる

横から見ると、テニスボールを当てる場所はウエストのやや上あたり。ボールの圧で刺激することで、腰椎から筋肉がはがれてくるのをイメージして行なうと、より効果アップ。

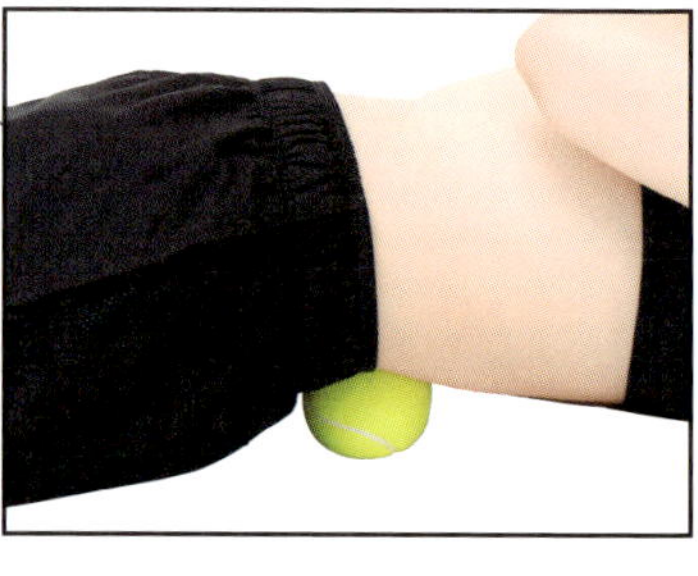

POINT

両手は胸の前でクロスに！

両手は胸の前でクロスして、リラックス。腰に当てたテニスボール1つで全身を支えている状態にすると、自分の体重で腰に適度な圧がかかり、腰周辺がほぐれていきます。

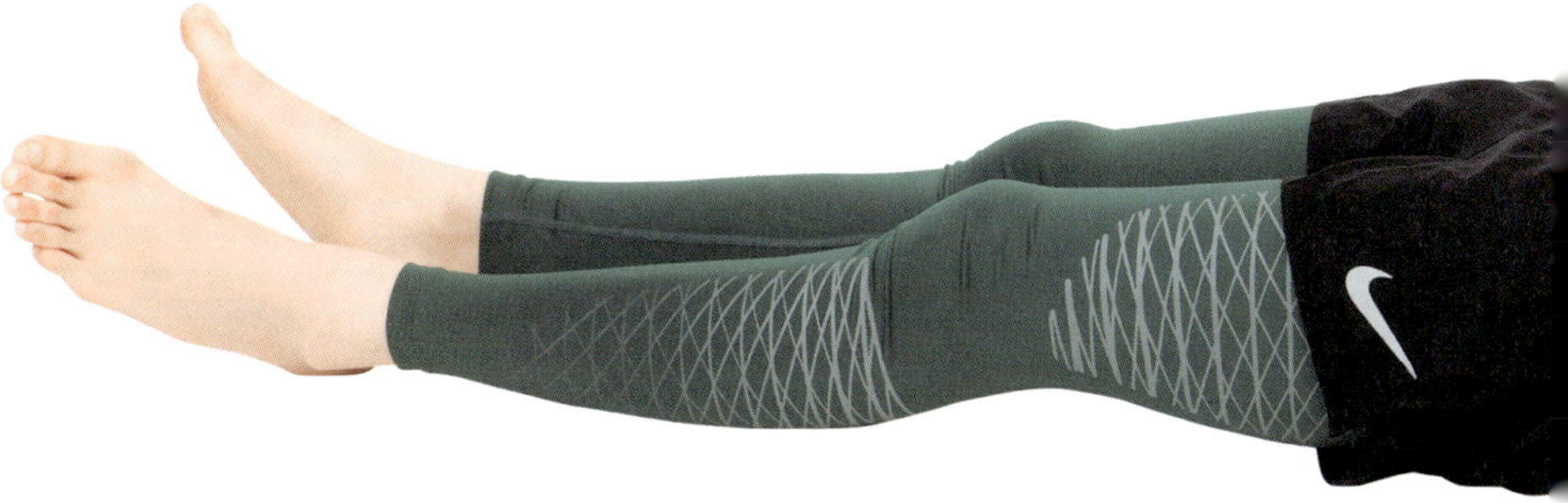

ボールを当てる場所を参考に、まずは、テニスボールを背骨の左側で腰のあたりに当てて、あお向けに寝る。両手は胸の前でクロスさせ、両足は伸ばして自然に開く。そのまま自分の体重でボールに圧をかけていく。グリグリと強く押すのではなく、気持ちいいと感じるぐらいの強さで、３分間キープ。続けて、背骨の右側の腰あたりにテニスボールを当てて、同様に３分間キープ。

左右
各3分間
キープ

もっと小顔 2

胸椎を整える
肩甲骨周辺をゆるめ血流改善

小顔になるワケ

腰椎《ようつい》が整ったら、その上の胸《きょう》椎《つい》を整えていきます。胸椎の柔軟性を高めるには、胸椎を覆うように位置している、肩甲骨《けんこうこつ》まわりをほぐすことがポイント。

肩甲骨周辺がゆるむと、胸椎周辺に柔軟性が戻り、動きやすくなります。すると、頸椎《けいつい》や腰椎の負担も軽くなって、背骨全体の動きが改善。骨盤も正しい位置に入りやすくなり、顔への循環もよくなって小顔に。

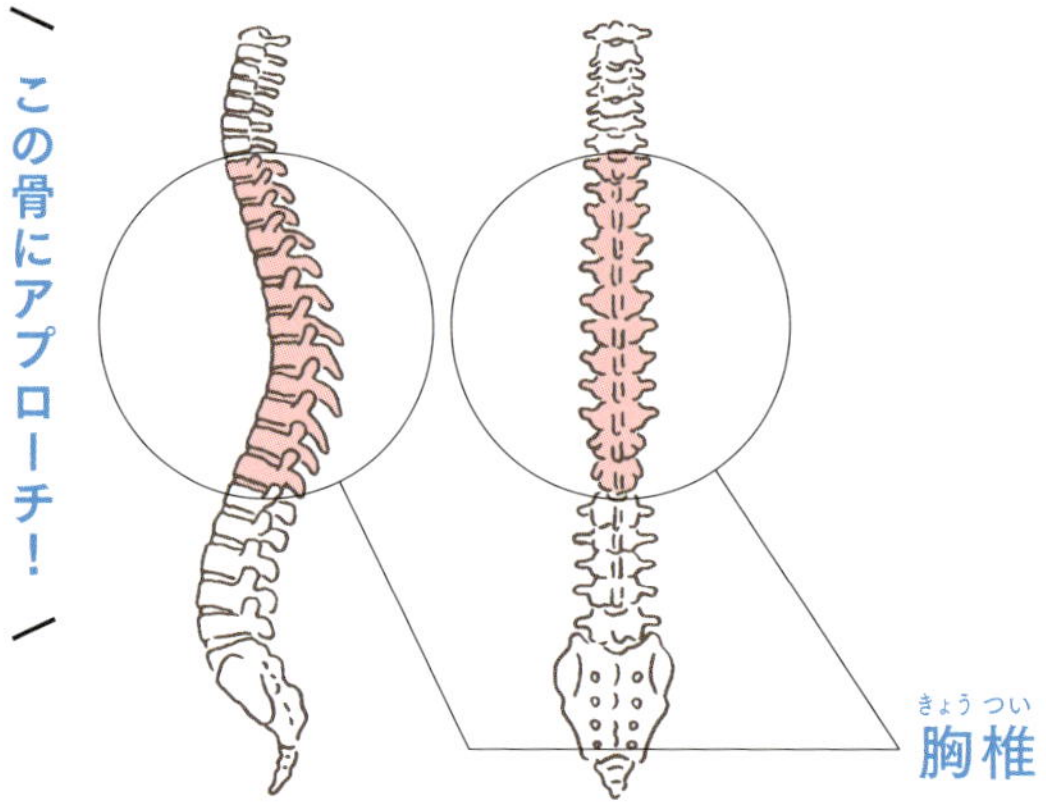

頸椎と腰椎の間に位置する12個の骨。頸椎、腰椎が前弯《ぜんわん》しているのに対し、胸椎は後弯《こうわん》している。その結果、脊柱全体がゆるやかなS字状になり、上体をしなやかなバネのように動かすことができる。

1 両腕をまっすぐ上へ伸ばす

顔は正面を向き、両手を耳の横を通るように、肩幅の広さで、真上に上げる。

POINT

無理のない範囲でゆっくりと

首や肩のこりがひどい人、猫背や巻き肩の人は、痛みが出ない、無理のない範囲でゆっくりと。続けているうちに、肩甲骨がほぐれて、腕が上がりやすくなる。

POINT

肩甲骨《けんこうこつ》周辺がゆるむと胸椎も骨盤もゆるむ

肩甲骨は様々な筋肉に引っ張られて存在し、いろいろな方向に動きます。肋骨《ろっこつ》や骨盤につながっている筋肉もあり、肩甲骨周辺の筋肉をほぐすことで、胸椎の柔軟性が高まり、骨盤のゆがみも整います。

2 ゆっくり両腕を下げ、肩甲骨を引き寄せる

後ろから見ると……

左右の肩甲骨を背骨の中心に向かってできるだけ引き寄せる。

1の状態から、左右の肩甲骨を背骨の中心に引き寄せるように、両腕をやや後方へ引きながら、ゆっくりと下ろす。肘を曲げ、手首が肩の高さになるくらいまでを目安に。肩甲骨まわりの筋肉が動いていることを感じながら行なうと効果的。

3　頭をゆっくりと後ろへ倒す

3分間
キープ

2の状態のまま、ゆっくりと頭を後ろへ倒していく。胸を開き、首すじが収縮し、肩甲骨まわりがじわーんとほぐれていくのを感じながら、そのまま3分間キープ。ゆっくりと頭を元に戻し、腕を下ろす。

POINT

背中から首まで一気に血流改善！

頭を後ろに倒すことで、背中から首までの血流が一気に上がってきて、上半身から顔の血行がよくなってきます。

もっと小顔

3

頸椎を整える
首から顔の循環をよくする

小顔になるワケ

顔の血流や代謝をよくするために、最も大きく関わってくるのが頸椎《けいつい》です。そもそも小顔をつくるための骨の整え方のポイントは、血液、リンパ、脳脊髄液が正常に循環よく流れている状態をつくること。頸椎がゆがんだり、ストレートになっていたりすると、首から先の顔~頭への流れが滞ります。

首・肩のこりを解消して筋肉をゆるめ、頸椎を整えましょう。

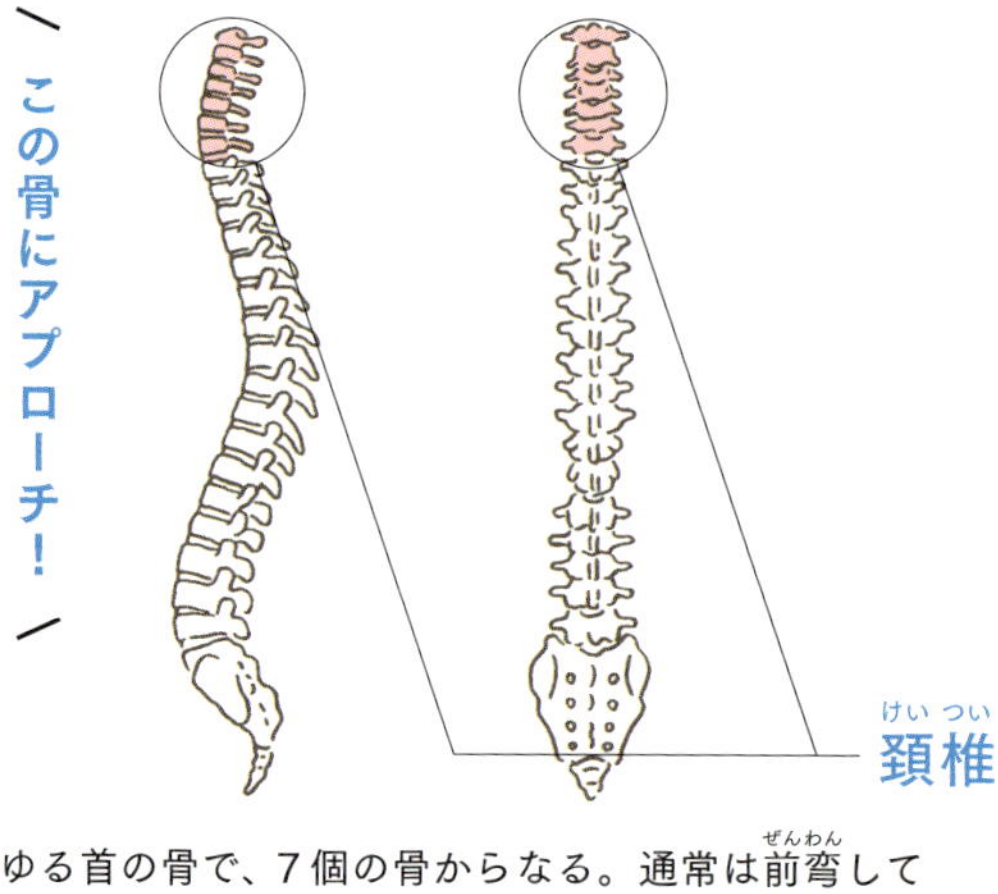

いわゆる首の骨で、7個の骨からなる。通常は前弯《ぜんわん》しているが、骨盤のゆがみから脊柱のS字カーブが失われたり、スマートフォンやPC作業などでストレートネックになると、首に負担がかかり、顔にも影響を及ぼす。

1 頚椎1～2番（髪の生え際あたり）を押す

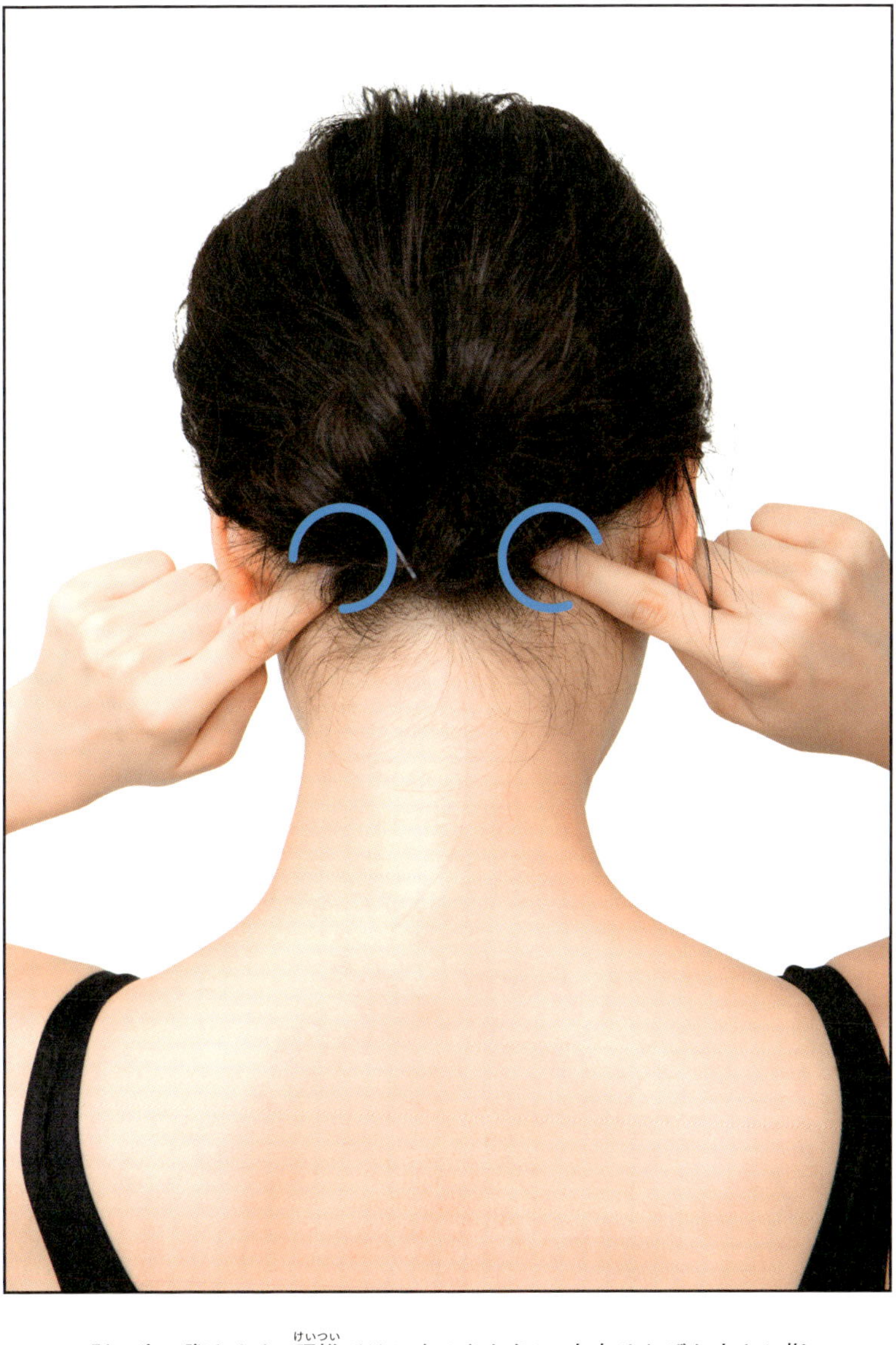

髪の生え際あたり、頚椎《けいつい》がはじまるあたりに、左右それぞれ人さし指を当てて、押していく場所を確認する。後頭部の下、頚椎の突起が指に当たるあたりを目安に。最もこりが強く、血行が悪くなっている傾向がある、頚椎の上から１番目と２番目の骨にアプローチ。

2 頭をゆっくりと前に倒す

押さえる場所がよくわからないときには、自分が押して気持ちいい場所でＯＫ。首すじがしっかりと伸びているのを感じて。

１で押さえる場所を確認したら、左右それぞれの人さし指に中指を添え、２本の指先でグーッと押して圧をかけていく。同時に、頭をゆっくりと前に倒していく。そのまま90秒間キープ。

3　頭をゆっくりと後ろへ倒す

前後
各1分半
計3分間

後ろから見ると……

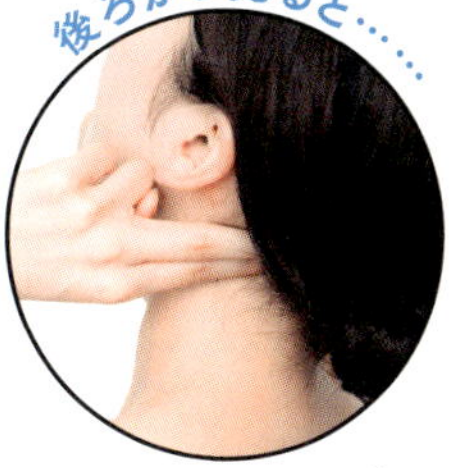

後ろに倒すときは頸《けい》椎《つい》に圧をかけながら、ゆっくりじっくりと。固まっていた首まわりの筋肉がほぐれ、顔の代謝もアップ。

2の状態から、ゆっくりと頭を上げていき、2本の指先で頸椎に圧をかけたまま、後ろへ倒していき、90秒間キープ。首の前～胸が伸びるのを感じながら。その後、ゆっくりと頭を正面へ戻す。

もっと小顔

猫背を解消する

猫背は小顔の大敵です

猫背の人もそうでない人も、一度、思いっきり背中を丸めてみてください。座った姿勢でも立った姿勢でもかまいません。

背中が丸まると、自然と顔がうつむきがちになり、両肩が前に出てきて、顔はどんなにやせている人でも二重あごのような状態になりませんか？　これだけでも、猫背が顔を大きくさせてしまう原因になることが実感できると思います。

背中が丸くなると、骨盤は後ろへ傾き、背骨、首の骨までのラインが崩れてしまいます。その結果、血液の流れや代謝が悪くなり、頭のてっぺんから足の先までの循環が滞ってしまうのです。特に、首が前に出てしまうと、顔への流れが悪くなり、顔の老廃物や水分がうまく排出されなくなり、顔は常にむくんだ状態になってしまいます。猫背を解消し、滞っていた流れを改善して、すっきりとしたフェイスラインを手に入れましょう。

猫背になる主な原因

パソコンやスマートフォンを見るときに、頭を下げて首が前に出る姿勢になっていると、自然と背中が丸くなって猫背に。ストレートネックも引き起こすので要注意！

長時間座って仕事をしたり、テレビを見ているうちに、だんだんとお尻が前に出てきてしまうと、骨盤が後ろに傾くことに。すると、首や肩甲骨《けんこうこつ》が前に出て、猫背や巻き肩に。

座り姿勢のときに足を組むと、骨盤が傾いてしまいます。これが習慣になっていると、背中は丸くなり、首や肩が前に出て猫背に。頭痛、肩こり、腰痛などの原因にも！

猫背チェック

あなたの顔のゆがみやたるみは、猫背が原因かも!?
猫背になっているかチェックしてみましょう。
下記の当てはまるものに☑をしてください。

- ☐ ❶ 立ち姿勢で、横から見たときに、首が前に出ている
- ☐ ❷ 自然に立ったときに、手のひらが後ろに向いているのがラク
- ☐ ❸ 壁に背骨を当てて立ったときに、肩が壁につかない
- ☐ ❹ 肩こりがひどい
- ☐ ❺ 深呼吸をするときに、思いっきり息を吸い込みにくい感じがある
- ☐ ❻ 靴のかかとの外側がすり減っている

解説

ひとつでも☑がつけば、猫背です。猫背の原因のほとんどが、日常のちょっとしたクセや生活習慣。パソコンやスマートフォンを見るときには、頭を前に下げず、顔を上げて、肩甲骨《けんこうこつ》を背骨に引き寄せ、胸を開いて、画面を見るように心がけて。

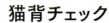

肩の変形「巻き肩」もデカ顔の原因に！

□ 背中の後ろで左右の手が組めますか？

左右の手が届かないのは、肩甲骨《けんこうこつ》まわりの筋肉や骨が固まっているサイン。また、巻き肩の人は、肩甲骨まわりがこりやすいと言えます。すると、上半身の代謝が悪くなって、フェイスラインに脂肪やむくみが、たまりやすくなることに。首、肩、背中のストレッチで筋肉をゆるめ、正しい姿勢を取り戻しましょう。

首〜肩甲骨まわりをほぐして、
猫背、巻き肩を解消すれば、もっと小顔に！

もっと小顔 4

首のつけ根のマッサージ
首ほぐしで循環をよくする

1 首元を押さえて頭を前へ

POINT

肩をつかむ感じで

首のつけ根の部分は、首、肩こりの大元の部分。ここをほぐすと、肩まわり全体の血行がよくなり、顔への循環も改善。

首の根元あたりの左右に、親指以外の4本の指を当て、肩全体を大きくグッとつかむ。そのままの状態で、頭をゆっくりと下げて、90秒間キープ。

小顔になるワケ

耳の下のあたりに、太い血管が通っていますが、この部分が首や肩のこりで固まっていると、頭から顔へ血液の流れが滞って、デカ顔に。

首のつけ根である、胸椎《きょうつい》1番のまわりをほぐして、血液循環をよくしましょう。

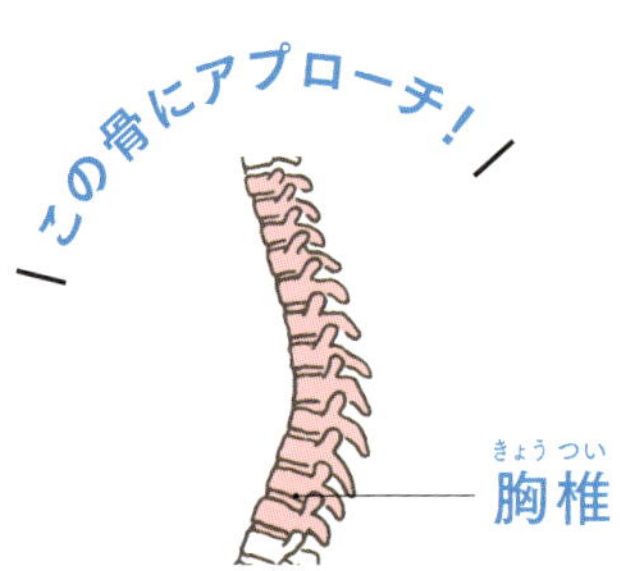

12個の骨からなる。通常は後弯《こうわん》だが、骨盤のゆがみやストレートネックなどで背中が丸くなると猫背に。

2 頭をゆっくりと後ろへ倒す

前後
各1分半
計3分間

1の状態から、肩をつかんだまま、ゆっくりと頭を後ろに倒していく。そのまま90秒間キープ。その後、ゆっくりと頭を正面に戻す。肩甲骨《けんこうこつ》、胸椎《きょうつい》まわりの硬い筋肉がほぐれると、骨も動きやすくなり、猫背や巻き肩を解消しやすくなる。

POINT

「伸ばす→縮む」をしっかりと感じて

頭を前や後ろに倒し、90秒間キープするときは、首や肩の筋肉が動いていることを意識しながら行なうと、より効果的。

肩甲骨まわりのストレッチ

顔〜全身の血流がアップ

小顔になるワケ

小顔になるためには、頭や顔へのアプローチだけではなく、全身の血流をよくすることも大切。そのためには、肩甲骨《けんこうこつ》まわりのストレッチが有効です。

肩甲骨まわりを伸ばすと、巻き肩、猫背が改善されます。すると、ストレートネックも解消され、頭から首への血流がスムーズになり、たまっていた老廃物や水分が流れて、すっきりとしたフェイスラインに。

背中の左右にある、逆三角形の骨。腕の骨や鎖骨《さこつ》と、肩まわりの関節をつくり、猫背と関係が深い。肩甲骨周辺には多くの筋肉があり、全身の動きと連動している。

準備しよう!

1　ストレッチ用ポール、またはバスタオルを

写真のようなストレッチ用のポールを用意しましょう。ない場合には、大きめのバスタオルでも代用できます。バスタオルの場合は、写真のように、折りたたんだバスタオルを、くるくると固めに巻いて使います。

2　ストレッチ用のポールを背中に!

ストレッチ用のポール(または丸めたバスタオル)を背中に当てます。当てる場所は、背骨の中央。頭の後ろから、頚椎《けいつい》〜胸椎《きょうつい》〜腰椎《ようつい》〜骨盤まで、まっすぐに当たるように。位置を確認したら、次ページのストレッチへ進みます。

ストレッチポール（または丸めたバスタオル）を背骨に当ててあお向けに寝る

POINT

肘が床につくかチェック！

肩甲骨まわりの筋肉が硬い人は、肘が床から浮いた状態に。筋肉がほぐれてくると、肘が床につくようになってきます。

ストレッチポールを背骨の中央に置いて、あお向けに寝る。両脚は自然に伸ばし、両手は真横よりもやや上に広げ、肘を90度よりも少し広めに曲げる。顔はまっすぐ天井に向け、全身の力を抜いて、３分間キープ。

3分間キープ

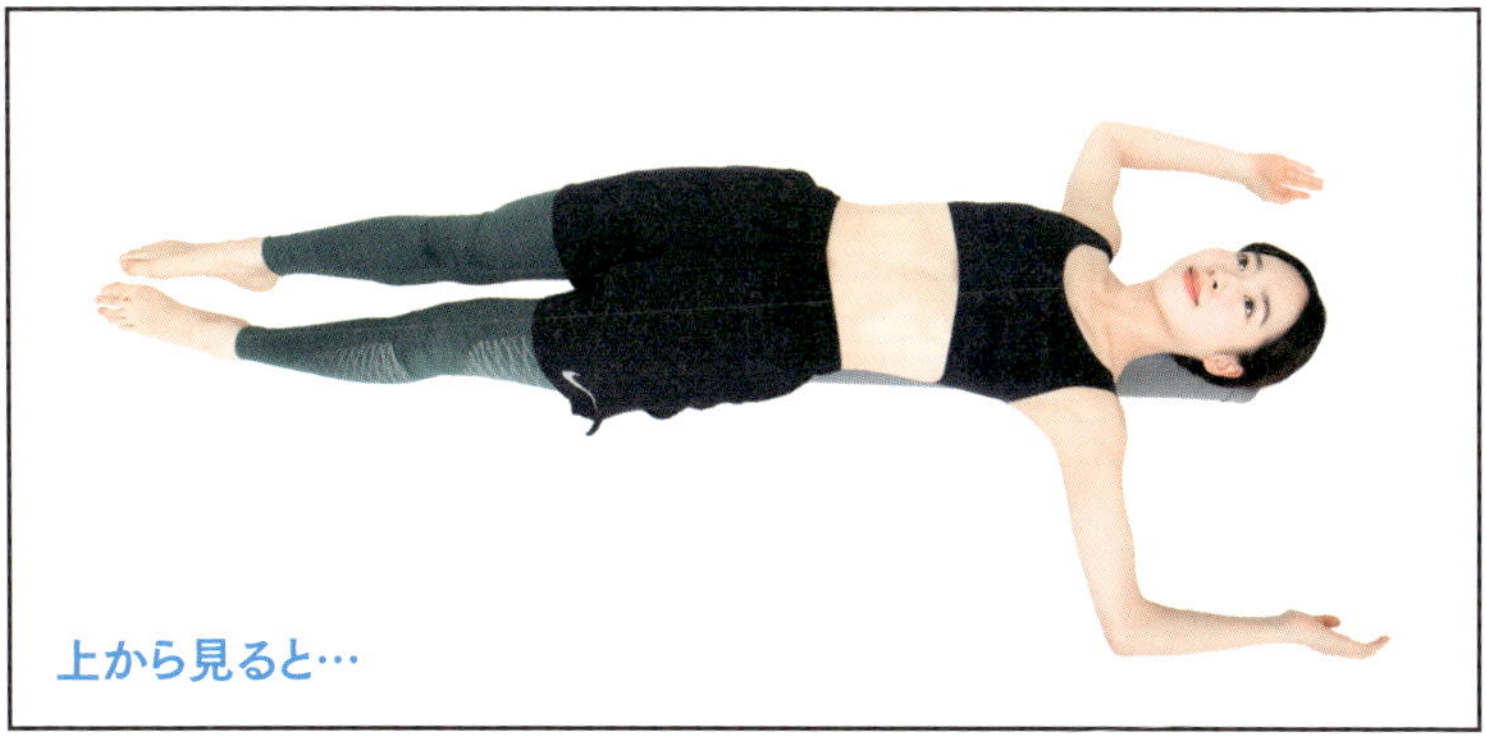

上から見ると…

POINT

肘は90度よりやや広めに

肘を曲げる角度は、90度よりもやや広めにすると、肩甲骨《けんこうこつ》をしっかりと伸ばすことができます。肩甲骨がほぐれると、顔～全身の血流もアップし、ぽかぽかしてきます。

もっと小顔

6

僧帽筋ストレッチ
今すぐ代謝アップ&猫背解消

小顔になるワケ

首、肩甲骨《けんこうこつ》、背中にかけて大きく広がる僧帽筋《そうぼうきん》は、重力に負けないように腕を持ち上げたり、何かを引っ張ったりするときに使われます。しかし、デスクワークなどで長時間前傾姿勢が続いて、筋肉をあまり使わないと、硬くなってしまうことに。

　大きな筋肉なので、ほぐすと全身の筋肉がゆるみます。猫背が解消されやすくなり、顔の代謝も上がり小顔へと導きます。

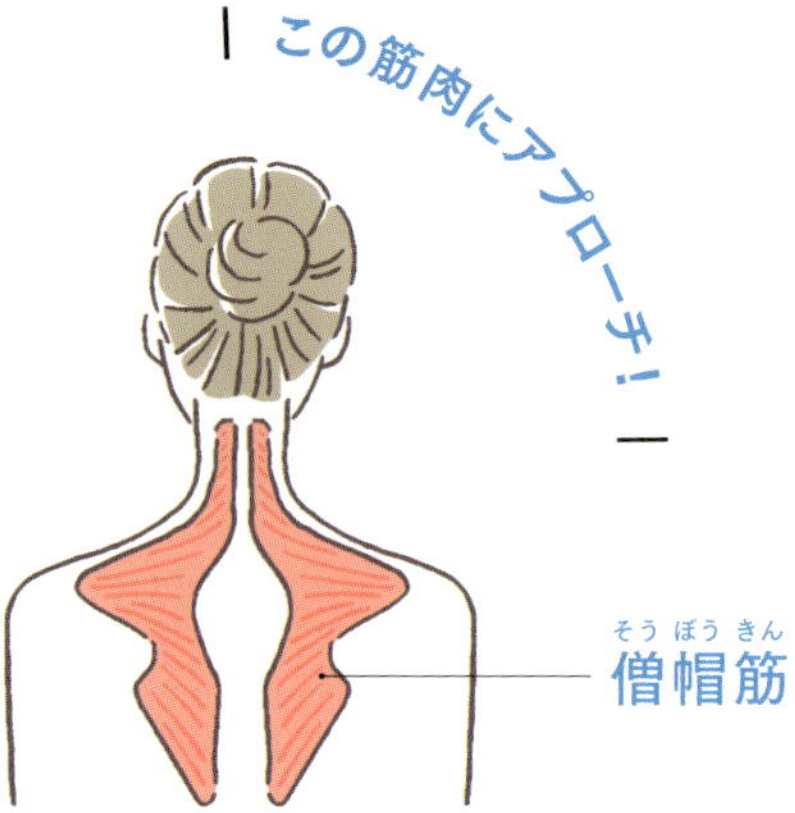

背中の上部に、首から肩甲骨、背中にかけて大きく広がる筋肉。背中の筋肉のなかで、一番表にあり、肩こりを引き起こす代表的な筋肉。大きな筋肉なので、ここをほぐすと、顔～上半身をはじめ、全身の代謝がアップする。

首を倒しながら肩を下げる

POINT

首はななめ前に倒す

首を倒すときは、真横よりも、ややななめ前へ倒すと、僧帽《そうぼう》筋《きん》をより伸ばすことができます。呼吸は止めないように。

POINT

肩はグーッと押し下げる

首を倒す方向とは逆方向に、肩をしっかりとグーッと押し下げて。背中に柔軟性が出て、猫背を解消しやすくなります。

左右 各1分半 計3分間

右の肩を左の手のひらで包み込むように押さえる。そのまま、頭をゆっくりと左側に倒すと同時に、左手で右肩を押し下げていく。このまま90秒間キープ。ゆっくりと戻して、反対側も同様に。

KOGAO COLUMN

首の血流を流してから マッサージをすると 小顔効果アップ！

「PART4」では、もっと小顔になるためのケアをいろいろと紹介しました。そのなかでも、小顔になるうえで最も大事なのが、首まわりのケアです。

　顔に流れているすべての血管の大元は首にあります。「総頸動脈《そうけいどうみゃく》」と言われる太い血管で、首の上部から、頭へ血液を供給しています。そのため、首まわりの筋肉が硬くなると、血管が圧迫されて、顔への血流が悪くなります。酸素は血液によって運ばれるため、顔全体が酸欠状態に！　当然、代謝も悪くなり、余分な水分や老廃物がたまったり、脂肪がつきやすくなったりして、顔が大きくなってしまうのです。

　本気で小顔になりたいのであれば、顔に対するケアの前に、P94の「首のつけ根のマッサージ」を行ないましょう。小顔効果が高まります。P62の「広頸筋《こうけいきん》ストレッチ」で、首すじを伸ばすのもおすすめです。

じわ〜んと
首まわりが
ほぐれるのを
感じて！

食事、姿勢、睡眠……
毎日の生活で
ちょっと意識を変えれば
「一生、小顔」が手に入る

(PART) 5

もう顔を大きくしない！小顔ライフのすすめ

あなたはどっち？

小顔の習慣 VS デカ顔の習慣

「小顔になりたい！」と思いつつ、知らず知らずのうちに、
小顔の人は絶対にしていない習慣をやっているかも？
あなたの毎日の生活を見直してみましょう。

Q1

食事をするときは？

A
忙しくて、ササッと短時間で
すませてしまうことが多い

B
よくかんで、味わって食べる
ことが多い

Q2

好きな食べものの傾向は？

A
フランスパンのサンドイッチや、
玄米のようにかみ応えのあるものが好き

B
とろとろオムライスや雑炊など、
やわらかいものが好き

Q3

よく飲むのは？

A
冷たいお茶やコーヒー

B
温かいお茶やコーヒー

Q4

食事の内容は？

A
外食やお惣菜を
買ってくることが多い

B
自炊や手料理を食べることが多い

Q5

座るときの姿勢は？

A
脚を前に出して、椅子に浅く座る

B
背筋を伸ばして、椅子に深く座る

Q6

1日で座っている時間はどのくらい？

A
毎日仕事中はほとんど座りっぱなし

B
歩いたり立ったりすることが多い

Q7

日頃の運動習慣は？

A
運動が苦手、体を動かすのが
おっくうで、ほとんど何もしていない

B
体を動かすのが好き、ジムに行ったり、
ウォーキングを心がけている

Q8

普段よく履いているのは？

A
ヒールのあるちょっとおしゃれな靴

B
スニーカーなど歩きやすい靴

Q9

寝るときの姿勢は？

A
横向きやうつ伏せのことが多い

B
上向きのことが多い

あなたは、AとB、
どちらが多かったですか？

Aが多い人ほど「デカ顔の習慣」、
Bが多い人ほど「小顔の習慣」です。

その理由は、次ページからの「小顔ライフ1〜9」で詳しく解説します。

小顔ライフ

1

早食いはNG！ 30回はかむ

私が今まで施術してきた方々を振り返ってみると、「小顔になりたい！」という女性の3大悩みは、**①「頬骨《きょうこつ》が出ている」、②「エラが張っている」、③「左右が非対称」。**そういった人たちのなかには、「どうせ私は生まれつき、顔が大きいから……」と、あきらめモードの方も少なくありません。

確かに、頬骨の位置、下顎骨《かがくこつ》の発達など、生まれつきの骨格によって、ある程度、顔の大きさが決まってしまう部分はあります。しかし、顔が大きい要因は、骨格だけではありません。普段の筋肉の使い方など、生活習慣も、深く関係しているのです。

なかでも大きな影響を及ぼすのが、食事に関する習慣です。

忙しい毎日を過ごしていると、つい「早食い」になってはいませんか？

早食いの人は、満腹感を得る前にどんどん食べものを口に運ぶので、食べすぎてしまいがち。これが続くと、脂肪肝になり、お腹が出てきます。すると、肋骨《ろっこつ》が上がって反り腰の姿勢になり、猫背を引き起こします。

＊よくかんで咬筋を使う

猫背はPART4でもお話をしたように、小顔の大敵です。小顔を目指すなら、食事はよくかんで味わうことを意識し、ひと口入れたら30回はかむようにしましょう。

かむ回数を増やすと、咬筋《こうきん》がよく動いて、顔の代謝がアップ。食事のあとに「咬筋マッサージ」（P50）をするのもおすすめ。老廃物が流れやすくなり、むくみなども解消されます。

早食い、大食いは、小顔になれない習慣の代表格。代謝が悪くなって、顔がむくみ、気がついたときにはデカ顔に！

小顔ライフ

2

硬いものを食べすぎない

小顔に関する食習慣で気をつけたいふたつめのポイントは、硬い食べものをとりすぎないことです。

硬い食べものは、やわらかい食べものに比べて、しっかりとかまないとのみ込めないため、自然とかむ回数が増え、先にお話をした早食い防止には有効です。しかし、硬いものをかみくだくために、あご周辺の咬筋《こうきん》を使いすぎると、筋肉に負担がかかり、筋肉が肥大化してエラが張った顔の印象になる可能性が大。硬いものの食べすぎには注意しましょう。

では、硬い食べものと聞いて、何を思い浮かべるでしょうか？

おせんべい、フランスパン、するめ、りんごの丸かじり……。

いろいろな食材がありますが、**私が小顔のために最も控えていただきたいと考える硬い食べものは、「氷」です。**

氷をかみくだくには、相当の筋力が必要です。夏の暑い時期に、グラスに入っている氷を、ガリガリとかんでいる女性の姿を見かけますが、小顔になりたいのであれば、控えましょう。

*ガムをかむなら30分以内に

ちなみに、氷のほか、かみすぎによって顔の筋肉に負担がかかるものに、ガムがあります。ガムをかむのであれば、30分以内にしましょう。それ以上かみ続けていると、咬筋《こうきん》に負担がかかるだけでなく、疲労物質がたまってしまい、顔がむくんだような印象になってしまいます。

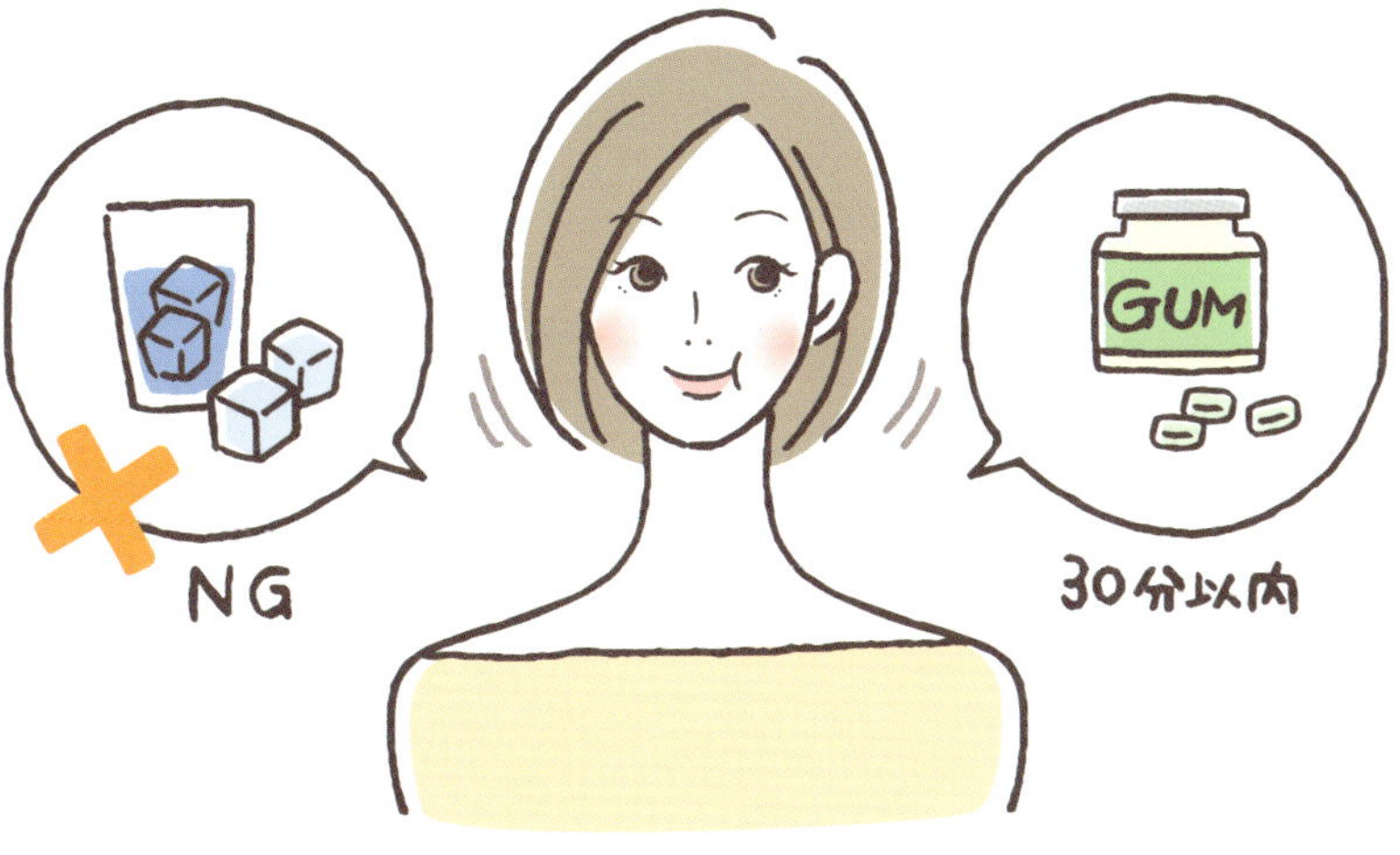

よくかんで顔の筋肉を動かすことは大事だけれど、かみすぎは、エラが張ってしまい、逆効果！　氷とガムは要注意。

小顔ライフ

3

温かいものを食べる

「小顔になりたいのであれば、硬い氷を食べるのは控えましょう」というお話をしましたが、氷を控えてほしい理由は、もうひとつあります。

小顔のためには、冷たい食べものは極力避けたほうがよいからです。

冷たい食べものは、顔の筋肉、さらには内臓を冷やします。体が冷えると、筋肉は固まり、血液循環や代謝が悪くなります。すると、老廃物がたまりやすくなったり、むくみを引き起こしたりして、顔が大きく見えてしまうことに……。

小顔にこだわるのであれば、**顔も内臓も冷やさないことがポイント。**食事で言えば、**体温よりも低い食べものは、体に入れないようにする**のが理想です。

日頃から、温かいものを食べるように心がけ、体のなかから温めましょう。冷たいお茶より温かいお茶を、ミネラルウォーターを飲むならキンキンに冷えたものより常温を、野菜を食べるなら生野菜サラダより温野菜や体を温める作用があると言われる根菜類を選ぶ、といった感じです。

＊低体温は小顔の大敵！

最近は、寒い冬の時期はもちろん、真夏でも冷房の効いたオフィスに長時間いるケースも多く、一年中、冷え性に悩まされている人が多いようです。

さらに、平熱が36度以下の低体温の人も増加中。体温が下がると、基礎代謝や免疫力などが低下すると言われます。低体温は、小顔を目指す人にとって大敵！　温かい食べもので、体温の低下を防ぎましょう。

温かい食べものや飲みもので、体のなかから温めると、小顔はもちろん、免疫アップにも◎。体の内側から美しく！

小顔ライフ

4

カリウムを積極的にとる

朝起きると、顔がむくんでいて……。そんな悩みをよく耳にします。

顔がむくむ原因には紹介してきたようにいろいろとありますが、いつも顔がむくんでいるという人は、塩分をとりすぎていないか、毎日の食生活を見直してみましょう。

塩分は、塩をはじめ、みそ、しょうゆなどの調味料にも含まれます。そのほか、塩分を多く含む食べものには、普段何気なく食べている、ハム、ウインナー、魚の練り製品、漬物、即席めんなどの加工食品、みそ汁、ラーメンなどの汁ものといったものがあります。外食が多い人、お弁当やお惣菜などをフル活用している人も、塩分のとりすぎになりやすいので注意しましょう。

塩分をとりすぎると、血液のなかの塩分濃度が高くなります。すると、人間の体はそれを中和しようとして、水分をためこむようになります。その結果、むくみが生じます。

むくみが気になる人、塩分をとりすぎたと思ったら、塩分を排泄する働きのあるカリウムを豊富に含む食べものを、積極的にとりましょう。むくみが解消されます。

*むくみ解消にはバナナ

ちなみに、カリウムは人体に必要なミネラルの一種で、浸透圧の調整などを行なう栄養素です。**カリウムを多く含む**主な食材には、**バナナ、アボカド、こんぶ、干ししいたけ、ブロッコリーなどがあります。**

ただし、腎臓の機能が低下している場合、カリウムがうまく排出されないため、塩分、カリウムとも、とりすぎに注意が必要です。

塩分をとりすぎたときには、バナナ、アボカド、こんぶ、干ししいたけ、ブロッコリーなどを、積極的にとりましょう。

小顔ライフ

5

座るときには骨盤を立てる

ＰＡＲＴ４でもお話をしたように、顔が大きくなってしまう要因には、食生活のほか、姿勢も大きく関係しています。

例えば、椅子に腰かけるときに、背もたれに背中をつけて両肩を落とし、ため息をつくような姿勢で座ったとします。ラクな姿勢ですが、骨盤は後ろに傾き、背骨が丸まった前傾姿勢で猫背の状態に。すると、肩甲骨《けんこうこつ》が上がり、しかも肩が前に巻き込まれ、いわゆる「巻き肩」になります。

さらに、骨盤が後傾しているので、バランスをとろうとして下腹が出っ張ってしまいます。本来、首の上にあるべき頭も前に出てしまい、血管や神経の通り道である首がまっすぐでないため、顔への循環が悪くなってデカ顔に。**電車、オフィスなど、椅子に座るときには、骨盤を立てることを意識しましょう。**

＊頭を天井からつられているイメージで

具体的には、**椅子に深く腰かけ、頭を天井から1本の糸でつられているイメージで背骨を伸ばします。**骨盤を立てる姿勢が習慣になれば、今よりも顔が締まってくるはずです。

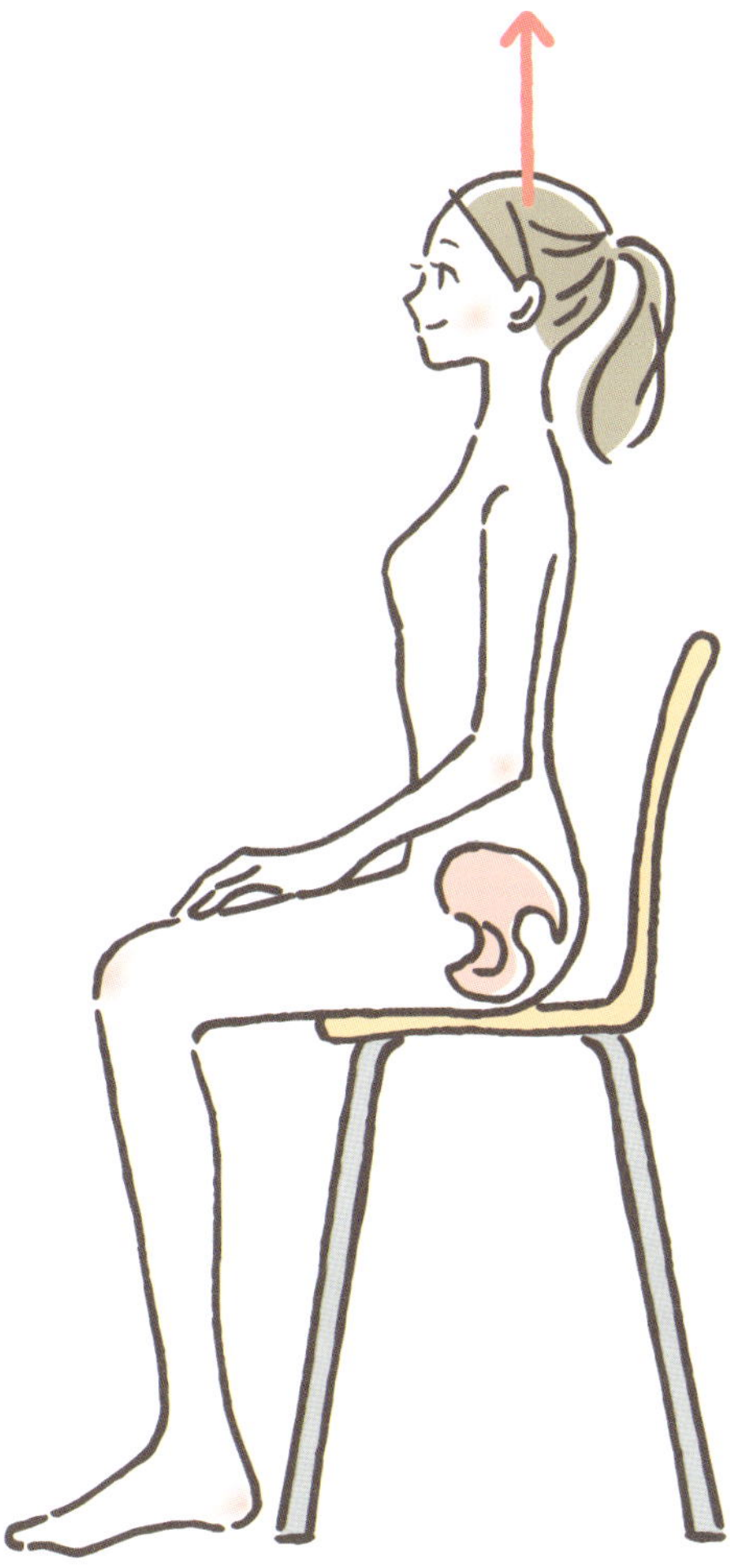

腰が丸まると骨盤は後傾、腰を反ると前傾に。どちらにも傾かない座り姿勢をマスターしましょう。

小顔ライフ

6

1時間に1回は立ち上がって歩く

私たちは、一日の多くの時間を座り姿勢で過ごしています。家やオフィス、電車やバスといった移動時間などで、正しい座り姿勢をキープするのは、大変なことです。

また、骨盤がゆがまない理想的な座り方をしていたとしても、長時間、同じ姿勢を続けていれば、骨盤まわりの筋肉が固まってきて、骨盤の動きも悪くなり、全身の血行も不順になってしまいます。そうなれば、もちろん、顔もむくんでしまいます。

*できればストレッチもセットで

1時間座ったら、1回は立ち上がりましょう。そのときに、ＰＡＲＴ３とＰＡＲＴ４で紹介した広頚筋《こうけいきん》や頚椎《けいつい》を整えるストレッチをすると、顔から全身の血行がよくなります。

また、座り姿勢の際、骨盤の傾きとともに気をつけたいのが「ストレートネック」。スマートフォンなどに夢中になって、下を向いたまま長時間過ごし続けて、首のカーブがなくなった状態です。ストレートネックになると、首、肩の骨や筋肉に負担がかかって、首と頭をつなぐ血管がつまりやすくなり、顔の代謝が悪くなります。スマホを見るときは、両肘を机につくなどして、なるべく目の高さに持ってくるようにしましょう。

長時間座っているときには、首まわりの筋肉をほぐしましょう。顔の代謝がアップし、気持ちもリフレッシュ！

小顔ライフ
7

1日15分のウォーキング

「1日15分以上のウォーキング」と聞いて、「えっ？　小顔にウォーキングがどのように関係あるの？」と思われる方もいるでしょう。

私が、ウォーキングをおすすめする理由は、骨盤を動かす一番簡単な方法だからです。何度もお話をしてきたように、小顔になるうえで、骨盤のゆがみを整えることは必須です。それにはまず、骨盤がよく動くような状態になっていることが大事。座り姿勢が続くと、骨盤が動きにくくなってきます。1時間に1回立つことに加え、1日15分以上のウォーキングを心がけましょう。歩くだけで、骨盤をしっかり動かすことができます。

＊肩甲骨をフリーにして歩く

骨盤を動かすためのウォーキングでは、できればバッグなど何も持たずに、肩甲骨《けんこうこつ》をフ

リーにして歩くのが理想です。地面を蹴って、前に進むことを意識しましょう。

通勤時間などを利用してウォーキングをするのであれば、どちらかの肩に負担がかかってしまうショルダーバッグよりも、肩への負担が左右均等になりやすいリュックサックを選ぶのがベストです。

小顔のためのウォーキングは、背筋を伸ばし、太ももをしっかり上げて。バッグを持つならリュックタイプを。

小顔ライフ

8

ヒールはNG！足は組まない

骨盤のゆがみと顔が大きくなることには、密接な関係があることはこれまでお伝えしてきた通りです。さらに、骨盤のゆがみは足の裏とも関係があります。そのため、小顔になりたいのであれば、ヒールの高い靴をはくのは、控えることをおすすめします。

ヒールの高い靴をはくと、重心がつま先にかかります。すると、骨盤が前に倒れ、内股になり、猫背になります。猫背で肩甲骨《けんこうこつ》が丸くなると、首が前に出て、顔の循環が悪くなってむくみ、デカ顔になってしまうのです。

また、外反母趾《がいはんぼし》、扁平足《へんぺいそく》、浮き指といった足のトラブルがある人も要注意！　重心がかかとに片寄って骨盤が後ろに傾き、がに股になり、やはり猫背になりデカ顔に。

小顔のためには、スニーカーなど、足の裏全体を使って安定した歩きのできる靴を選びましょう。**足の裏が安定すると骨盤も安定します。**

＊座りグセや横座りも注意

なお、靴選びだけでなく、座ったときに足を組むクセや、床や畳の上で横座りをするのも、骨盤がゆがんで、顔を大きくしてしまう要因になるので気をつけましょう。

ヒール、足を組んで座るといった習慣は、猫背や骨盤のゆがみを引き起こし、デカ顔になるので注意。

小顔ライフ
9

上向きで寝る＆就寝前に軽くストレッチ

あなたは寝るときに、どんな姿勢で寝ていますか？　顔を上にして、あるいは、横向き、うつ伏せでしょうか……。

顔のむくみ解消のひとつの方法として、「小顔ライフ4」でカリウムを積極的にとるお話をしましたが、ここでは、睡眠時の姿勢と、就寝前のちょっとした心がけで、むくみ知らずになる方法を紹介しましょう。

むくまない顔づくりのためにおすすめの就寝時の姿勢は、あお向けです。

横向きやうつ伏せのほうが、リラックスできてラクで寝やすいという人も多いようですが、背中が丸まった横向きや、胸を圧迫してしまううつ伏せの姿勢で何時間も寝ていると、体内の循環が悪くなってきます。顔と体をつなぐ重要な役割をしている首の骨も自然なカーブにならず、ゆがんだり、つまったりしてしまいます。すると、首の血行が悪くなって、きれいな酸素が顔に行き渡らなくなり、顔の老廃物も排泄しにくくなり、顔のむくみを引き起こします。寝るときは、**顔を上に向け、背骨から首にかけて自然なカーブとなるような姿勢をとりましょう。**

*猫背を解消して寝る

時間や気持ちに少し余裕がある夜には、上向きで寝る前に、猫背を解消し、背骨を整える「肩甲骨《けんこうこつ》まわりのストレッチ」（P98）を行ないましょう。朝の顔のむくみ予防に、さらに効果的です。

寝る前の3分で、翌朝のあなたの顔の印象はガラリと変わります。

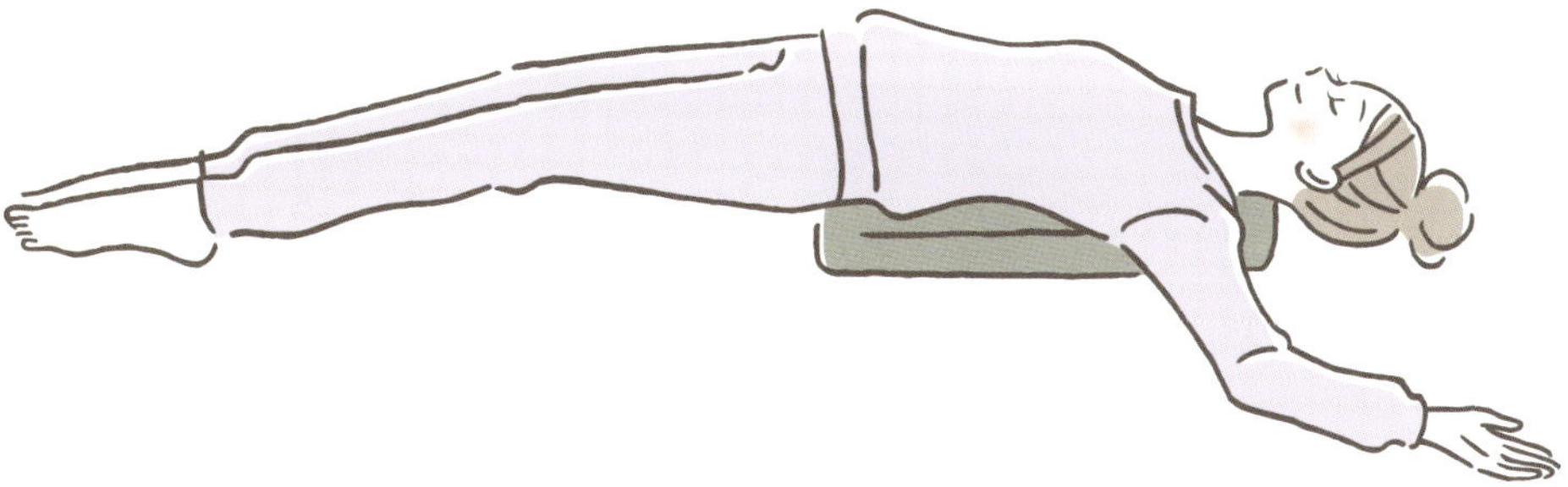

寝る前にP98で紹介した「肩甲骨まわりのストレッチ」を行なうのがおすすめ。
猫背が整い、翌朝、顔がすっきり！

おわりに

耀く笑顔で毎日を楽しく！

10代だった10年前の私は、勉強する意味がわからなくなり、やりたいことも見つからず、それでも、将来について必死に悩んでいました。ただひとつ頭に浮かんでいたのは「何かの形で、人の役に立ちたい」でした。

そんなときに、部活の先輩方が体のメンテナンスのために整体へ通っていることを知り、「みんながやっているなら……」と軽い気持ちで、私も整体へ行ってみました。すると、たった数分、体を触っただけで、呼吸が浅くなるほどひどかった私の猫背が改善されたのです！

その瞬間、「この技術を極めて、私がみなさんを幸せにする側になろう」と、17歳で整体の道に進むことを決めました。以来、整体、カイロ、リラクゼーション、ストレッチ、筋膜の5つの専門知識を学び、独自の技術を確立し、今では多くの方に支持していただけるようになりました。

でも、最初からスムーズだったわけではありません。整体師として働き始めたころの私は自信がなかったこともあり、表情は暗く、口角は下がり、目つきもよくなく、当然、お客様からの指名もほとんどありませんでした。

「何かを変えなければ……」と、まずは第一印象で大事な顔の印象をよくしようとしました。すると、それだけで、指名が増え、私が望んでいた「人に貢献したい」という方向へ動き出したのです。

この本を読み終えたあなたは、コンプレックスなどで悩んでいた自分から、新しい自分に生まれ変わるための一歩を、すでに踏み出しています。これからも自分を大事しながら、ぜひ夢をかなえてほしいと思います。

私もYouTubeやSNSなどを通じて、これからもみなさんが輝く方法を発信していきます。

川島悠希（かわしま ゆうき）

17歳で高校を自主退学して整体の道へ進み、数々の師に技術を学ぶ。「整体」「カイロ」「リラクゼーション」「ストレッチ」「筋膜」の5種の専門知識と技術をいかした独自の技術を確立し、「整体KAWASHIMA」を設立。施術は30分１万円にもかかわらず、予約１か月待ちの人気若手整体師として全国を飛び回っている。YouTubeチャンネル「美容整体師 川島さん。」では、整形なしで小顔になる動画や、二重を作る動画で一躍人気に。登録者数は38万人を突破。著書に『二重も涙袋もかわいい顔は自力でつくる』（学研）がある。ライアートプロモーション所属。

美容整体師 川島さん。

https://www.youtube.com/channel/UCTGEpK4QW14v7C1tPG306Pw

自分《じぶん》史《し》上《じょう》最《さい》小《しょう》の小《こ》顔《がお》になる

2020年2月29日　初版発行

著者　川島悠希《かわしまゆうき》

発行者　川金正法

発行　株式会社KADOKAWA
〒102-8177　東京都千代田区富士見2-13-3
電話 0570-002-301（ナビダイヤル）

印刷所　凸版印刷株式会社

●お問い合わせ
https://www.kadokawa.co.jp/（「お問い合わせ」へお進みください）
※内容によっては、お答えできない場合があります。
※サポートは日本国内のみとさせていただきます。
※Japanese text only

定価はカバーに表示してあります。

ISBN 978-4-04-604636-9 C0077